항공객실
고객만족 서비스

Cengage

Airline Cabin Service for Customer Satisfaction

Kim Yoon Jin

ISBN-13: 978-89-6218-547-8

Cengage Learning Korea Ltd.
14F YTN Newsquare 76 Sangamsan-ro
Mapo-gu Seoul 03926 Korea
Tel: (82) 2 1533 7053
Fax: (82) 2 330 7001

Cengage Learning is a leading provider of customized learning solutions with office locations around the globe, including Singapore, the United Kingdom, Australia, Mexico, Brazil, and Japan.
Locate your local office at: **www.cengage.com**

Cengage Learning products are represented in Canada by Nelson Education, Ltd.

To learn more about Cengage Learning Solutions, visit **www.cengageasia.com**

photo credit
cover
Stewart Sutton/The Image Bank via Getty Images
jun xu/Moment via Getty Images
(c) by Cristóbal Alvarado Minic/Moment via Getty Images

Printed in Korea
Print Number: 01 Print Year: 2023

개정판

항공객실 고객만족 서비스

Airline Cabin Service for Customer Satisfaction

김윤진 지음

Cengage

Australia • Brazil • Canada • Mexico • Singapore • United Kingdom • United States

저자

김윤진

숙명여자대학교 Le Cordon Bleu Hospitality MBA
인하대학교 경영학과 경영학 박사
전) 대한항공 객실사무장
대한항공 객실훈련원 강사
인하공업전문대학 서비스학부 항공운항과 교수
현) 항공서비스경영연구소장
한국서비스경영학회 이사

관심분야: 서비스경영, 항공서비스품질, 항공객실서비스, 고객만족경영, 서비스디자인

항공객실 고객만족 서비스

초판 1쇄 발행 | 2019년 3월 6일
개정판 1쇄 발행 | 2023년 2월 20일

지은이 김윤진
편집 김민정
발행인 송성헌
발행처 센게이지러닝코리아(주)
등록번호 제313-2007-000074호(2007.3.19)
주소 서울시 마포구 상암산로 76 YTN 뉴스퀘어 14층
전화 02) 1533-7053
이메일 asia.infokorea@cengage.com
홈페이지 www.cengage.co.kr
ISBN-13: 978-89-6218-547-8

정가 24,000원

머·리·말

21세기 밀레니엄 시대는 제조업 산업보다 부가가치가 높은 서비스 산업이 더욱더 큰 비중을 차지하기 때문에 모든 산업에서는 고객에 대한 서비스 정신이 함양되어야 무한경쟁시대에서 살아남을 수 있다. 특히 고객서비스에 대한 서비스마인드를 지향하고 있는 항공서비스 산업에서는 고객의 중요성이 더욱 강조되고 있다.

본 교재는 NCS 항공객실서비스의 능력단위 중 고객만족 서비스를 바탕으로 교육 및 직업훈련 시 활용할 수 있도록 구성한 학습 자료이다. 전체적인 내용은 항공기 승무원이 반드시 갖추어야 할 항공객실서비스의 개념과 요령 및 항공기 내에서 이루어지는 서비스 단계별 절차에 따른 고객과의 대화요령, 그리고 항공기 내에서 발생하는 각종 사례들에 대한 고객 응대 요령 등 다양한 고객들의 요구(needs) 사항을 반영하여 업무 프로세스를 토대로 구성하였다.

본 교재의 내용은 다음과 같다.

제1부는 항공기 객실서비스에 대한 이해와 항공기 고객들에 대한 이해 및 항공기 고객들을 만족시킬 수 있는 기본요령을 알기 쉽게 구성하였고,

제2부는 항공기 객실서비스 절차별 고객 응대 및 항공기 특수고객들에 대한 응대 요령들을 기술하였으며,

제3부는 NCS 항공객실서비스의 고객만족 서비스에서 요구하는 세 가지 능력단위요소를 다뤘다. 고객을 만족시키기 위한 서비스마인드 함양에 대한 내용과 항공기 승무원이 갖추어야 할 이미지 메이킹 및 항공기에서 발생하는 불만고객에 대한 응대를 원활하게 수행하기 위한 내용을 구체적이고 체계적으로 구성하였으며,

제4부는 최근 항공기 객실서비스에 대한 고객들의 칭송과 불만 사례들에 대해 분석한 내용을 기술하여 고객만족의 방향을 제시하였다. 그리고 사례별 토의를 통해 학습자 스스로 고객만족을 위한 방안을 도출하도록 구성하였으며, 항공상식을 수록하여 학습자들이 항공 업무를 이해하는 데 도움이 되도록 하였다.

이처럼 항공 객실승무원으로서 보다 만족스러운 고객서비스를 제공할 수 있도록 직무와 관련한 교육 자료가 긴밀하게 연결된 내용과 이미지로 이루어져 있으므로 항공 객실승무원 업무를 준비하는 학생들에게 많은 도움이 되는 지침서가 될 것이다.

마지막으로 고객만족서비스 교재 발간을 위해 노력해 주신 센게이지 관계자들께 감사드린다.

C·O·N·T·E·N·T·S

머리말 5

PART 01 항공객실서비스

CHAPTER 01 서비스의 이해 18

1. 서비스의 개념과 구분 18
2. 서비스의 특성 20
3. 서비스 특성에 따른 대응 전략 20
    1) 무형성 21
    2) 비분리성 22
    3) 이질성 23
    4) 소멸성 24
4. 서비스 경제 25
    1) 서비스 경제의 의미 25
    2) 서비스 경제의 중요성 26

항공상식 | 대표적인 국제항공기구 27

Work Sheet 28

CHAPTER 02 고객만족 29

1. 고객 29
    1) 고객의 정의 29
    2) 고객 개념의 시대적 변화 30
2. 고객 욕구 31
    1) 고객 욕구 이해의 필요성 31
    2) 매슬로우의 인간 욕구 5단계 31
3. 고객만족 34
    1) 고객만족의 정의 34
    2) 고객만족과 불만족 35

항공상식 | 전문용어와 표준용어의 사용 실례 36

Work Sheet 37

C·O·N·T·E·N·T·S

CHAPTER 03 항공객실서비스 고객 이해 38

1. 항공객실서비스 품질 38
   1) 서비스 품질의 개념과 특징 38
   2) 항공객실서비스 품질의 특징 40
   3) 항공객실서비스 품질의 구분 40
2. 항공객실서비스 고객 욕구 43
   1) 8가지 기본 욕구 43
   2) 고객 기대심리 47
3. 항공객실서비스 고객 응대 48
   1) 고객 성향 48
   2) 고객 응대 유의사항 49

항공상식 | 항공기는 얼마나 무거울까? 51

Work Sheet 52

PART 02 항공객실서비스 고객 응대

CHAPTER 04 객실서비스 절차별 고객 응대 56

1. 이륙 전 서비스 56
   1) 탑승 인사 56
   2) 좌석 안내 57
   3) 웰컴 드링크 서비스 60
   4) 담당 승무원 소개 62
   5) 신문 서비스 62
   6) 서비스 용품 제공 63
   7) 이륙 전 안전 업무 64
   8) 일행의 미탑승 66
   9) 점프시트 착석 시 승객 응대 66
   10) 이륙 시 귀 통증 호소 승객 응대 68
2. 비행 중 서비스 69
   1) 기내음료 서비스 69

2) 기내식 서비스 70
3) 객실 상태 점검 및 승객 휴식 71
4) 기내 면세품 판매 75
5) 입국서류 서비스 77
3. 착륙 후 서비스 78
1) 하기 안내 78
2) 하기 인사 78
항공상식 | 악천후 시 항공기 운항 80
Work Sheet 81
CHAPTER 05 항공 특수고객 응대 82
1. 항공 특수고객 82
2. 항공 특수고객의 범위 82
1) 무임여객(Non Revenue Passenger) 82
2) VIP와 CIP 83
3) 비동반 소아 85
4) 영 · 유아 고객 86
5) 임산부 88
6) 애완동물 89
7) 추방자 89
8) 죄수 운송 90
9) 환자, 병약자(Invalid Passenger) 91
10) 취객, 약물 중독환자(Intoxicated Passenger) 91
11) 스트레처 환자(Stretcher Carriage) 92
12) 한 가족 서비스(Family Care Service) 93
13) TWOV(Transit Without Of Visa) 94
14) 장애 고객 95
항공상식 | 항공기와 번개 102
Work Sheet 103

C·O·N·T·E·N·T·S

PART 03 고객만족 서비스

NCS 능력단위: 고객만족 서비스 108

CHAPTER 06 서비스마인드 함양하기 110

1. 서비스마인드 110
2. 진실의 순간 MOT 112
   - 1) MOT의 유래 112
   - 2) MOT의 중요성 115
   - 3) MOT의 법칙 115
   - 4) MOT 구성의 3요소 116
   - 5) MOT 사이클 차트 및 분석 116
   - 6) 항공객실서비스 MOT 117

인천국제공항의 MOT 성공 사례 119

3. 객실서비스 커뮤니케이션 120
   - 1) 커뮤니케이션의 이해 120
   - 2) 커뮤니케이션의 종류 121
   - 3) 효과적인 커뮤니케이션 122
4. 글로벌 문화의 이해 124
   - 1) 미국 125
   - 2) 일본 127
   - 3) 중국 128
   - 4) 유럽 130
   - 5) 한국 131
   - 6) 중동 132

항공상식 | 스칸디나비아항공사의 성공 비결, "유로클래스" 133

Work Sheet 134

CHAPTER 07 이미지 메이킹하기 135

1. 이미지 메이킹 135
   - 1) 이미지 메이킹의 개념 135

2) 객실승무원의 이미지 메이킹 135
2. 객실승무원의 용모와 복장 136
1) 유니폼 착용예절 137
2) 객실승무원의 메이크업과 머리모양 138
3. 객실승무원의 표정과 자세 141
1) 표정 141
2) 서비스 자세 142
3) 서비스 기물 사용 자세 146
4. 객실서비스 매너 147
1) 인사 예절 147
2) 대화 예절 148
항공상식 | 항공기 연료 방출 152
Work Sheet 153

CHAPTER 08 불만 승객 대처하기 154

1. 항공객실서비스 실패와 회복 154
1) 서비스 실패와 회복의 관계 154
2) 고객 불만 서비스 실패 사례 154
3) 고객서비스 회복 사례 156
2. 고객 불만 157
1) 고객 불만 157
2) 고객 불만 관리 158
3) 고객 불만 대응 단계: LAST 법칙 159
4) 고객 불만 해소를 위한 다섯 가지 원칙 159
5) 고객 불만 대응 요령 163
3. 원활한 대인관계 164
1) 설득 165
2) 경청 165
3) 고객만족 서비스 대화법 169
4. 고객 성향별 불만 응대 요령 171
1) 성급한 고객 171

C·O·N·T·E·N·T·S

2) 까다로운 고객 172
3) 거만 과시형 고객 172
4) 명랑 쾌활한 고객 172
5) 온순 과묵형 고객 173
6) 호기심 많은 고객 173
7) 유아 동반 고객 173

5. 불만 상황별 응대 174
1) 승객이 큰 소리로 말할 때 174
2) 승객이 따지고 들거나 불평할 때 174
3) 승객이 무리한 요구를 할 때 175
4) 모르는 것을 물어 왔을 때 175
5) 거절해야 할 때 176
6) 대화가 길어질 때 176

6. 객실서비스 절차별 불만 대응 177
1) 이륙 전 서비스 177
2) 비행 중 서비스 182
3) 착륙 후 서비스 190

항공상식 | 항공기 모양 191
Work Sheet 192

PART 04 항공객실서비스 사례 연구

CHAPTER 09 고객 칭송 사례 196
사례 1 탑승 및 이륙 전 서비스 196
사례 2 탑승 및 이륙 전 서비스 198
사례 3 비행 중 서비스 200
사례 4 비행 중 서비스 202
사례 5 비행 중 서비스 204
사례 6 착륙 후 서비스 206
사례 7 승객 하기 후 관리 208
사례 8 항공 서비스 매너 210

항공상식 | 항공기 바퀴 212
Work Sheet 213

CHAPTER 10 고객 불만 사례 214

사례예시 1 항공객실서비스 안전관리 215
사례예시 2 항공객실 탑승 전 서비스 216
사례예시 3 항공객실 비행 중 서비스 218
사례 1 기내 안전관리 220
사례 2 기내 안전관리 222
사례 3 기내 안전관리 224
사례 4 승객 탑승 전 준비 226
사례 5 비행 중 서비스 228
사례 6 비행 중 서비스 230
사례 7 비행 중 서비스 232
사례 8 비행 중 서비스 234
사례 9 비행 중 서비스 236
사례 10 기내음료 서비스 238
사례 11 착륙 전 서비스 240
사례 12 착륙 전 서비스 242
사례 13 착륙 후 서비스 244
사례 14 승객 하기 후 관리 246
사례 15 승객 하기 후 관리 248
사례 16 객실 승무 관리 250
사례 17 고객만족 서비스 252
사례 18 고객만족 서비스 254
사례 19 고객만족 서비스 256
사례 20 고객만족 서비스 258
사례 21 항공서비스 매너 260
항공상식 | 항공유 저장탱크 262
Work Sheet 263

참고문헌 264
찾아보기 265

01

항공객실서비스

CHAPTER 01 서비스의 이해

CHAPTER 02 고객만족

CHAPTER 03 항공객실서비스 고객 이해

PART 01 한눈에 보기

PART 01
항공객실서비스

Chapter 01 서비스의 이해

1. 서비스의 개념과 구분

Chapter 02 고객만족

1. 고객
   1) 고객의 정의
   2) 고객 개념의 시대적 변화

Chapter 03 항공객실서비스 고객 이해

1. 항공객실서비스 품질
   1) 서비스 품질의 개념과 특징
   2) 항공객실서비스 품질의 특징
   3) 항공객실서비스 품질의 구분

2. 서비스의 특성

3. 서비스 특성에 따른 대응 전략

1) 무형성
2) 비분리성
3) 이질성
4) 소멸성

4. 서비스 경제

1) 서비스 경제의 의미
2) 서비스 경제의 중요성

2. 고객 욕구

1) 고객 욕구 이해의 필요성
2) 매슬로우의 인간 욕구 5단계

3. 고객만족

1) 고객만족의 정의
2) 고객만족과 불만족

2. 항공객실서비스 고객 욕구

1) 8가지 기본 욕구
2) 고객 기대심리

3. 항공객실서비스 고객 응대

1) 고객 성향
2) 고객 응대 유의사항

CHAPTER 01

서비스의 이해

Olga Visavi/Shutterstock.com

1. 서비스의 개념과 구분

서비스(service)에 대한 정의와 견해는 매우 다양하다. 그중 서비스에 대한 대표적인 정의는, 산출물이 무형적 요소로서 생산되는 시점에서 소멸되며 소비자에게 무형적인 편익(예: 안락함, 편리성 등)의 가치를 제공하는 모든 경제적 제반 활동을 의미한다.

경제학적 견해는 비생산적인 노동이나 비물질적인 재화로 구분할 수 있으며, 경영학적 견해는 물적 서비스와 인적 서비스로 구분되기도 하며, 최근에는 과학과 산업의 발달로 시스템적 서비스가 포함되기도 한다.

서비스의 개념에 대한 일반적인 견해는 다음과 같다.

미국마케팅학회(American Marketing Association, AMA)는 서비스를 제품과 비교하였으며, 여러 경영학자들 중 베리는 유형과 무형의 서비스를 구분함으로써 가치를 강조하였고, 코틀러는 유형과 무형의 서비스뿐만 아니라 기술적인 부분을 강조하였으며, 레티넨은 인적 서비스 부분인 종업원의 역량과 중요성을 강조하였다.

©Getty Images Bank

서비스는 유형과 무형으로 구분할 수 있다.

서비스의 개념

- 서비스는 제품에 비해 무형적 요소가 많으며 핵심편익 원천에 의해 구분됨
- 현실적으로 유형적인 요소의 존재가 필요함
- 제조업에서도 서비스는 고객에게 제공하는 중요한 요소임

S	Smile & Speed	미소와 신속
E	Emotion	감동
R	Respect	존중
V	Valuable	가치
I	Image	좋은 이미지
C	Communicate	전달
E	Excellence	탁월

도표 1.1 | 서비스(service)란?

2. 서비스의 특성

제품과 서비스의 주요한 차이는 제품은 "생산되는" 반면, 서비스는 "수행된다"는 데 있다. 서비스 특성을 고찰한 과거 연구들은 서비스의 특성을 크게 무형성(intangibility), 이질성(heterogeneity), 생산과 소비의 비분리성(inseparability), 소멸성(perishability)의 네 가지로 정리하고 있다. 마찬가지로 항공객실서비스는 네 가지의 기본적인 특성을 가지고 있다. 항공객실서비스는 무형이며(intangible), 생산과 동시에 소멸되기(perishable) 때문에 재고로 저장하는 것이 불가능하다. 게다가 서비스는 생산과 소비가 동시에 일어나기 때문에(inseparability), 고객이 도착하기 전에 미리 생산해 두는 것이 불가능하다. 그러므로 고객이 없이 서비스가 제공되는 것은 완전한 낭비일 뿐이다.

도표 1.2 | 서비스의 네 가지 특성

3. 서비스 특성에 따른 대응 전략

서비스에서는 시간이 중요한 요소이고, 상당수 서비스에서는 대기시간이 서비스 품질을 결정하는 핵심요소가 되기 때문에 서비스를 재고로 보관할 수 없는 것은 기업에게 매우 중대한 제약이 될 수밖에 없으며, 고객의 대기 혹은 대기 시간(waiting time)은 "고객재고(customer inventory)"라 표현하기도 한다.

그러므로 서비스의 재고 불가능으로 인한 문제점을 해결하기 위해서는 수요와 공급의 조화를 이루기 위한 전략이 필요하다. 여기서는 서비스 특성에 따른 의미를 이해하고 그에 따른 대응전략을 알아보도록 한다.

1) 무형성

서비스의 무형성(intangibility)은 의류와 식품과 같은 제품의 경우 고객이 직접 만져 보거나 입어 볼 수 있으므로 유형적인 데 반해, 공연, 스포츠, 여행, 교육 서비스 등은 실체를 만져 볼 수 없다는 의미이다. 여행 상품을 고객에게 소개할 때 일반적으로 관광 브로슈어나 카탈로그를 이용하여 관광상품을 판매할 수 있으나 직접적인 상품을 제시할 수는 없다. 즉 고객은 이미지나 경험자의 체험과 효과를 통해 선택하게 되므로, 실체를 경험하지 않고 유형적인 단서만을 제공받아 평가하게 된다는 것을 의미한다.

©Getty Images Bank

서비스는 사전에 보여 줄 수 없고, 제공받기 전에는 감지할 수 없으며, 생산 결과는 무형적이다.

문제점

- 저장 불가능
- 특허를 통한 서비스 보호 불가능
- 진열 및 커뮤니케이션 불가
- 가격설정 기준이 모호함

대응전략

- 유형적인 단서를 제공 → 홍보 및 광고
- 비인적 자원보다는 인적 자원을 사용 → 대인적 접촉 강화
- 구전 커뮤니케이션의 활성화 →고객의 만족도 향상
- 강력한 기업 이미지 창출 → 매뉴얼화된 서비스 제공

2) 비분리성

서비스의 비분리성(inseparability)은 생산과정에서 소비가 동시에 이루어지는 것을 의미한다. 병원의 예를 들어 보면, 고객이 진료를 원하는 경우에 직접 병원을 방문하여 의사가 제대로 진단과 처방을 내릴 수 있도록 협조하여야 한다. 서비스는 제공하는 순간과 동시에 소비되어야 하기 때문에 인적 서비스의 역량이 매우 중요한 항목이라고 할 수 있다.

문제점

- 서비스 제공자가 반드시 서비스 제공장소에 있어야 함
- 서비스 생산에 있어 고객참여가 필수적임
- 간접판매는 안 되고 직접판매만이 가능함
- 집중화된 대규모 생산이 곤란함
- 서비스 제공자의 능력과 수혜자에 따라 서비스의 질이 결정됨

©Getty Images Bank

서비스와 유형제품 간의 가장 큰 차이점은 생산과 소비 과정이 동시적으로 발생되는 점이다.

대응전략

- 종업원 선발 및 교육이 매우 중요함
- 서비스 제공의 자동화 강화 → 셀프서비스
- 세심한 고객욕구 파악 및 관리 필요 → 대기 관리, 단계별 정보 제공
- 복수점포 입지전략 사용
- 제공되는 효익의 강조 → 지수 등을 통한 계량화

3) 이질성

서비스의 이질성(variability)은 고객이 원하는 서비스를 구매할 때마다 서비스 제공자에 의해 제공되는 서비스에 따라 서비스 품질 수준이 일정하지 않음을 의미한다. 시스템과 설비의 문제보다는 인적 서비스 요소에서 주로 발생함을 말하며, 서비스 제공자의 성격, 능력, 인성, 훈련 정도에 따라 고객이 경험하는 결과가 매우 다르므로 동일한 제품을 전달하더라도 서비스의 차이가 발생하게 된다.

예를 들어, 같은 목적지를 향하는 항공기 기내에서 서비스를 받는 여러 고객들이 동일한 기내식과 서비스를 주문하였을 때 제공하는 객실승무원에 따라 고객이 느끼는 객실서비스 품질은 차이가 있게 된다는 것을 의미한다.

문제점

- 표준화 및 품질통제가 곤란함
- 가변적인 요소가 많음

대응전략

- 서비스 표준의 설계 및 수행
- 사전 패키지 서비스 제공
- 서비스의 기계화 · 산업화 강화
- 서비스의 개별 맞춤화 시행
- 고객이 사전에 인지할 수 있어야 함

©Getty Images Bank

서비스는 누가, 언제, 어떻게 제공하느냐에 따라 내용과 질에 차이가 발생하는 비표준적인 특징이 있다.

4) 소멸성

서비스의 소멸성(perishability)은 유형의 상품과는 달리 수요에 대비하여 저장할 수 없음을 의미한다. 만약 항공사의 비행기 전체 300석 중에서 200석만 판매되었다면 항공기가 출발한 이후 나머지 100석의 빈 좌석에 대한 매출과 의미는 영원히 사라지게 된다. 따라서 항공사는 매출을 극대화하기 위해 출발 전 기내의 모든 좌석을 만석으로 채우기 위한 전략이 필요하다고 할 수 있다. 이를 위해 적절한 가격정책을 통해 비수기와 성수기 간의 수요 변동성을 줄이는 전략을 취할 수 있다.

예를 들어, 항공업계나 호텔업계의 경우 수요가 적은 비수기나 주중에는 요금 할인을 통해 판매를 촉진하고, 성수기나 주말에는 더 높은 할증 요금을 부과하기도 한다. 많은 식당에서는 점심시간에 미리 정해진 메뉴로 구성된 점심세트를 판매하는데, 이것도 가격정책을 통한 수요 관리의 하나이다. 한정된 메뉴 혹은 미리 정해진 메뉴를 할인된 가격에 판매함으로써 수요가 몰리는 점심시간의 고객이 점심세트를 선택하도록 유도하는 것이다. 이렇게 하면 불확실한 수요에 대비해 모든 종류의 식재료를 대량으로 구비해 둘 필요가 없어질 뿐만 아니라, 적은 종류의 메뉴를 대량으로 조리하기 때문에 서비스 효율성도 높이는 효과를 얻을 수 있다.

서비스는 생산과 동시에 이용(소비)되고 소멸되기 때문에 판매되지 않은 서비스는 사라진다.

문제점

- 항공기 탑승, 항공기 미탑승 고객의 좌석, 스포츠 경기 등은 저장이 불가능함
- 대체 및 재판매 불가능
- 수요 및 공급의 균형 문제

대응전략

- 수급 및 제공능력의 동시조절을 통해 수요변동 극복 → 예약 시스템, 정확한 예측
- 수요감퇴기에 가격 인하, 촉진활동 강화 등 수요변동에 대비
- 종업원의 다양한 업무능력 제고

4. 서비스 경제

1) 서비스 경제의 의미

서비스 경제란 국민총생산(GNP)의 50% 이상이 서비스 분야에서 일어나는 경제를 말한다. 이처럼 서비스가 중요해지는 이유는 점차 경제가 서비스 중심의 비중으로 변화해 가고 있기 때문이다. 우리나라의 경우도 (2016년) GDP 대비 59.1%로, 서비스산업의 취업자 비중이 70% 이상으로 점차 커지는 추세이다.

자료: 한국은행

	1992	2000	2005	2010	2016
취업자 비중(%)	50.2	61.2	65.7	68.8	70.6
부가가치 비중(%)	53.9	57.5	59.4	59.3	59.1

도표 1.3 | 우리나라 서비스산업의 고용 및 부가가치 비중

2) 서비스 경제의 중요성

서비스산업의 중요성이 부각되면서 주요 선진국들은 서비스산업에서 새로운 성장동력을 찾고 있다. 의료, 헬스케어, 금융, 관광, 컨설팅 등을 중심으로 투자 확대 및 인력양성 등의 서비스산업 육성정책을 활발히 펼치고 있다. 우리나라의 서비스산업 취업자는 전체 취업자의 약 70%를 차지하고 있지만, 도소매, 음식 및 숙박업에 고용이 편중되어 있고 고부가가치 지식기반 서비스산업의 고용 비중은 OECD 주요국 가운데 하위권을 기록하고 있다. 서비스 경제의 중요성은 다음과 같다.

- **서비스 부문 지출비중 확대**: 소비지출 확대와 자본집약적 사업, 생산성 증가, 고용안정
- **정보기술의 발달**: 전통적인 서비스 제공방식을 대체하는 새로운 개념 서비스의 등장
- **소비자 욕구의 다양화와 고급화**: 라이프 스타일 변화에 따른 다양한 서비스의 출현
- **기업활동의 필요성 증대**: 기업경쟁 심화에 의한 필요, 비즈니스 서비스의 출현
- **여성의 사회참여 확대**: 여성의 사회진출과 취업으로 인한 가사노동 서비스의 대체
- **삶의 복잡화**: 전문적인 서비스 기관을 통한 문제해결 증대
- **제품의 복잡화 증가**: 사용상의 어려움으로 인한 교육 · 수리 서비스 수요 증가
- **새로운 서비스의 등장**: 혁신적 서비스, 기존 서비스의 추가, 서비스 계열 확장

©Getty Images Bank

세계 경제는 점차 서비스 분야 중심으로 변화하고 있다.

항·공·상·식

대표적인 국제항공기구

1) ICAO(International Civil Aviation Organization)

ICAO는 시카고협약의 설립 헌장에 따라 1947년 4월 4일에 창설되어 그해 10월에 유엔의 경제사회이사회 산하 전문기구로서 편재된 이후로 현재까지 민간항공 부문에서 중요하게 활동해 오고 있는 정부 간 협의체이다. 전 세계에 걸쳐서 국제민간항공의 안전과 질서 있는 발전을 촉진할 것을 목적으로 하여 안전하고, 규칙적이며, 효율적이고, 경제적인 항공운송을 위해 필요한 각종 국제표준 및 규칙을 정한다. 이 기구에 속한 국가들 간 민간항공의 모든 분야에서 협조를 위한 중간자로서의 역할을 수행하였으며, 준입법적 기능을 가져 각종 제 규정을 제정 또는 개정할 뿐만 아니라 체약국 간 협약의 해석·적용과 관련한 분쟁을 조정하는 준사법적 기능을 수행하기도 한다.

2) IATA(International Air Transport Association)

시카고회의가 국제민간항공의 경제적 측면에 대한 어떠한 합의에도 도달하지 못하자, 이로 인한 무질서를 우려한 민간항공업체가 상호협의에 의하여 경제적 문제를 통일적으로 규율할 것을 목적으로 1945년 4월 쿠바 하바나에서 세계 32개국의 61개 항공사가 회의를 개최하여 설립하게 되었다. 동 협회는 국가가 회원으로 되어 있는 ICAO와는 달리 순수한 항공사들로 구성된 비정부조직으로, 안전하고 정기적이며 경제적인 항공운송을 도모하며, 항공운송 기업 간에 협력할 수 있는 수단을 제공하도록 표준운송약관, 항공권, 화물 운송장, 대리점과의 표준계약 등 항공사 간에 통일적으로 사용하여야 할 각종 표준방식을 설정하는 것을 주 목적으로 한다.

Sagase48/Shutterstock.com

WORK SHEET

1. 서비스의 네 가지 특성을 항공객실서비스 사례로 설명하세요.

©Getty Images Bank

CHAPTER 02

고객만족

Olga Visavi/Shutterstock.com

1. 고객

1) 고객의 정의

고객이란 단순히 "우리의 상품과 서비스를 이용하는 사람"이라고 정의할 수 있지만, 보다 넓은 의미에서는 상품을 생산하고 이용하는 과정에 관계된 자기 이외의 모든 사람이라고 할 수 있다. 더욱 포괄적으로는 내부고객(상사, 부하, 동료, 서비스 제공자)과 외부고객(사외고객, 지점 또는 잠재고객)으로 구분하기도 한다.

고객에 대한 정의는 여러 기업의 형태와 분류 및 개인에 의해 다음과 같이 다양하게 정의되어 왔다.

- 고객은 우리의 존재 이유이다.
- 우리의 급여는 고객으로부터 나온다.
- 고객은 회사의 유지 및 발전을 좌우한다.
- 고객은 우리의 왕이며 주인이다.
- 고객은 우리를 찾아온 반가운 손님이다.
- 고객이 우리에게 의존하는 것이 아니라, 우리가 고객에게 의존하는 것이다.
- 고객은 우리의 목적이지 결코 우리의 훼방꾼이 아니다.

2) 고객 개념의 시대적 변화

고객의 개념은 시대에 따라 많은 변화가 있었다. 생산지향적 단계에서 고객 지향적 단계로 전이됨에 따라 고객의 개념은 가장 높고, 가장 소중하고, 가장 존귀한 존재로서 인식되고 있다.

수요-공급 단계	개념	비고
수요 〉 공급	고객은 훼방꾼	생산지향적 단계
수요 = 공급	고객은 소비자	판매지향적 단계
수요 〈 공급	고객은 왕	고객지향적 단계

도표 2.1 | 수요와 공급에 따른 고객의 개념

©Getty Images Bank

고객지향적인 서비스는 현 사회가 요구하는 고객 중심의 단계이다.

2. 고객 욕구

1) 고객 욕구 이해의 필요성

어떤 일을 함에 있어 일의 상대나 대상을 잘 모르고 막연히 잘해 보려고 하는 것은 맹목적이어서 효과가 잘 나지 않는 경우가 많다. 특히 성별, 나이, 인종, 사회적인 배경 등이 각기 다른 수많은 고객들의 욕구를 고루 만족시키며, 욕구를 있는 그대로 이해하고, 그에 따라 대처해 나가는 것이 꼭 필요하다. 물론 인간의 욕구는 천차만별이어서 이해하기가 쉽지는 않다. 또한 그것은 환경이나 목표와 복잡하게 뒤얽혀 시작하는 것이기에 실로 많은 변화의 양상을 보이는 것도 사실이다.

이와 같이 복잡 다양한 욕구를 실제적인 목적에 이용할 수 있는 형태로 정리하여 제시한 것이 A. 매슬로우의 욕구 5단계 이론이다. 이를 기본으로 하여 고객의 요구나 심리 파악을 위한 길잡이로서 이해하면 객실서비스 업무에서 고객을 응대하는 데 도움이 될 것이다.

2) 매슬로우의 인간 욕구 5단계

미국의 심리학자 A. 매슬로우는 인간은 기본적인 욕구가 충족되어야 다음 단계의 욕구로 이행하여 간다는 욕구 단계론을 주장하였다. 그는 인간의 기본 욕구를 생리적 욕구, 안전 욕구, 소속 욕구, 존경 욕구, 자아실현 욕구의 다섯 가지로 구분하였다.

구체적으로, 생리적인 욕구는 가장 강하고 기본적인 욕구이다. "금강산도 식후경이다.", "수염이 석 자라도 먹어야 산다."는 속담이 이에 해당되는 말이다. 그러나 이러한 기본적 욕구가 충족되고 나면 관심은 안정과 안전의 욕구로 쏠리게 된다. 최소한의 의식주 문제가 해결된 다음에는 각종 위험으로부터 몸을 보호하는 일이 급선무로 등장하는 것이다. 이와 같이 인간의 욕구는 밑에서부터 위로 차례로 옮겨 가 마침내는 마지막의 자기실현의 욕구에 도달하게 되는 것이다.

앞에서 제시한 욕구가 상위의 욕구로 초점이 옮겨지려면 우선 그 아래의 욕구가 어느 정도 충족되어야 하는데, 어떤 욕구에 대한 관심이 높을 때는 그 밖의 다른 욕구에 대한 관심은 약화되기 마련이다. 매슬로우는 이와 같은 욕구 구조의 변화를 인간의 심리적 발달로 파악하여 다음의 그림과 같이 표시하였다. 즉 욕구 구조가 저급에서 고급으로 발달함에 따라 욕구 강도의 곡선도 다음의 그림과 같이 점차 변화된다는 것이다.

Who is Maslow(매슬로우)?

에이브러햄 해럴드 매슬로우(Abraham Harold Maslow)는 미국의 심리학자로서, 오늘날 매슬로우의 욕구단계설 제안으로 유명하다. 매슬로우는 인도주의 운동의 형성에 도움을 준 참가자였으며, 또한 심리학에서는 제3 세력으로 알려졌다. 매슬로우는 개인의 성장을 위해 힘쓰는 인간의 핵심 부분인 "진실한 자아"의 애정 어린 보살핌을 주장하였다.

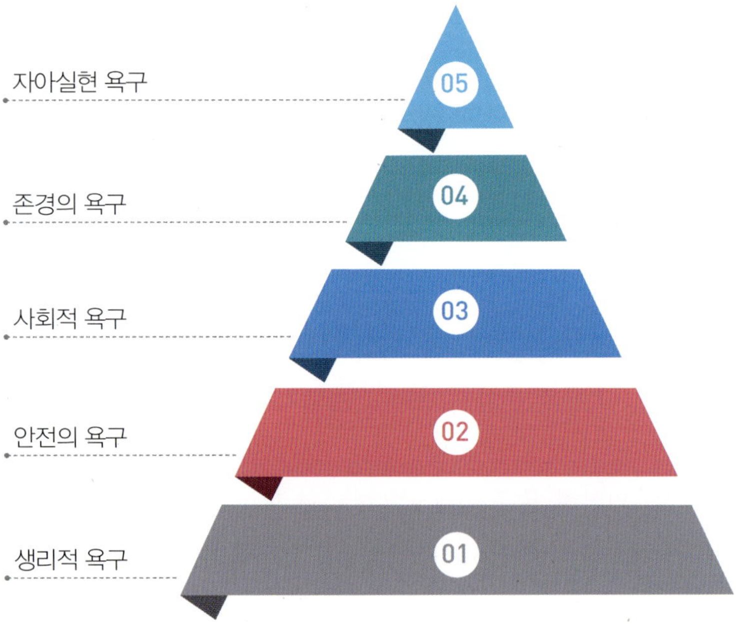

도표 2.2 | 매슬로우의 욕구 단계설

(1) 생리적 욕구(Physical Need)

이는 인간이 살아가는 데 필수적으로 필요한 것으로서, 물, 공기, 음식물, 휴식 등을 얻고 싶다는 것과 같이 생명 유지에 필요한 욕구이다. 이 생리적 욕구는 우리의 생존을 위한 노력으로서 최소한의 것들을 의미한다. 그러므로 이 생리적 욕구가 가장 하위 단계라고 할 수 있다.

(2) 안전의 욕구(Safety Need)

생리적 욕구가 어느 정도 충족되고 나면, 안정을 취하고자 하는 욕구인 상위 단계로 이동하게 된다. 사람들은 정신, 심리, 육체, 경제로부터 안전을 확보하고 싶은 욕구가 나타나게 되며, 생활환경에 존재하는 질병, 상해, 실업 등의 위험 등으로부터 자기를 보호하고 싶은 안전에 대한 욕구를 갈구한다. 생리적인 욕구가 충족됨으로써, 인간은 안전한 생활환경과 직장을 찾게 되는 것이고, 전쟁이나 각종 재해로부터 보호받고 싶어 하는 것이라고 할 수 있다.

(3) 사회적 욕구(Social Need)

사회적 욕구는 인간이 애정을 구하고 집단 내에서 동료들 간에 만족스러운 친밀한 관계를 유지하려는 욕구로서, 소속감과 사랑을 바라는 욕구를 뜻하며, 다른 용어로 귀속 욕구(affiliation needs)라고도 한다. 하위 단계인 생리적인 욕구와 안전에 대한 욕구가 충족되고 나면 인간은 소외감이나 고독감으로부터 벗어나기 위해서 나아가 동료 집단에 소속하여 그들과 친교나 우정을 나누고 싶어 하고, 이성과의 교제를 통해서 결혼이나 연애와 같은 감정을 갈구하게 되는 욕구를 의미한다.

(4) 존경의 욕구(Ego Need)

사람들은 만족감과 자신감을 통해 스스로를 가치 있다 느끼고 싶어 한다. 이처럼 존경의 욕구는 안정되고 수준 높은 자존감을 필요로 함과 동시에 주변 사람들로부터 인정과 존경을 받고자 하는 욕구이다. 생리적 욕구와 안전 욕구, 사회적 욕구를 충족한 사람은 이제 자신이 소속한 그 집단에서 단순한 구성원이 아니라 어떤 존재이길 바라는 것을 말하며, 어느 정도 충족한 사람들은 자아존중 욕구라고도 불리는 욕구이다. 즉 주변 사람들로부터 긍정적인 평가와 존경을 받고 싶어 하는 욕구라 할 수 있다. 주변 사람들로부터 정말 좋은 사람으로 받아들여지기를 바라는 욕구(타인에 의한 자존감), 자기 스스로 가치 있는 사람이며 자신을 높게 생각하게 되는 것, 우리가 흔히 알고 있는 명예와 명성에 관한 것이 이 욕구에 포함된다.

(5) 자기실현의 욕구(Self-Fullfillment Need)

인간의 욕구 5단계의 가장 최상위 욕구로서, 잠재되어 있는 소질, 가능성 및 이상 등을 실현하고 자기 존재를 완성하려는 욕구이자 자신이 할 수 있는 모든 것을 시도해 보려는 욕구를 말한다. 위의 네 가지 욕구는 모두 풍족하게 충족하고, 자신이 가진 능력과 재능을 최대한으로 활용하고자 하는 욕구라 할 때, 결핍 욕구라고 하여 계속해서 생기는 욕구라고 할 수 있으나, 자아실현의 욕구는 "성취욕"이라는 점에서 네 가지 욕구와 다른 특징이라고 할 수 있다.

이와 같이 매슬로우의 욕구 5단계 특성을 살펴보면, 하위 욕구일수록 더 강한 욕구를 가지며, 욕구 위계의 단계가 상승할수록 각 욕구의 만족 비율 또한 줄어든다는 것을 알 수 있다.

3. 고객만족

1) 고객만족의 정의

고객만족이란 고객의 욕구(needs)와 기대(expect)에 최대한 부응하여 그 결과로서 상품과 서비스의 재구입이 이루어지고 고객의 신뢰감이 연속적으로 이어지는 상태를 말한다. 즉 고객이 상품 및 서비스의 구매 전 상황 또는 구매 후 상황에서 제공되는 상품 및 서비스의 성과에 대하여 느끼는 포괄적인 감정이다. 최근 기업은 고객만족을 기업이익창출의 가장 중요한 경영 목표로 삼고 이를 위해 기업의 모든 경영활동을 집중하는 CS경영을 추진하고 있다.

고객만족의 3요소

- **상품가치:** 품질, 기능, 효율, 가격, 디자인, 컬러, 편리성 등
- **서비스:** 분위기, 고객 응대서비스 등
- **기업 이미지:** 사회공헌활동, 환경보호활동 등

2) 고객만족과 불만족

고객의 만족과 불만족에 영향을 주는 요인은 크게 개인적인 요인과 환경적인 요인으로 분류할 수 있다.

고객의 구매과정과 관련한 개인적인 요인은 상품 관련적인 만족요인, 처리 관련적인 만족요인, 사회 · 심리적인 요인 및 구매 후 만족의 네 가지로 분류할 수 있다.

환경적인 요인은 그 수준이나 환경의 범위에 따라 사회 · 경제적인 요인, 기업 관련적인 요인 및 상품 관련적인 요인으로 분류할 수 있다.

고객이 서비스에 만족 또는 불만족한 경우의 결과는 다음과 같이 예측할 수 있다.

고객만족, 불만족	결과
기대 이상으로 좋다.	영원한 팬이 된다.
기대 정도로 적당하다.	말없이 이탈하거나 경쟁점포와 비교를 하면서 방황한다.
기대에 어긋난다.	말없이 이탈한다.
문제가 발생한다. – 올바른 대응의 경우 – 잘못된 대응의 경우	 친밀감, 신뢰성을 회복한다. 많은 사람에게 이야기한다. 기회가 있을 때마다 더 나쁘게 이야기한다.

항·공·상·식

전문용어와 표준용어의 사용 실례

전문용어 사용 실례	표준용어 사용 실례
A/C 정비관계로	항공기 정비관계로
ACTION을 취하도록	조치를 취하도록
가까운 AGENT에 가셔서	가까운 여행사에 가셔서
AIRLINES 규정에 따르면	항공사 규정에 따르면
AISLE SEAT가 훨씬 더	통로 옆 좌석이 훨씬 더
ANNOUNCEMENT를 잘 들으시고	안내방송을 잘 들으시고
ARRIVAL TIME이 다소	도착시간이 다소
BLOCK SEAT를 확보하여야	예비좌석을 확보하여야
BOARDING TIME(PASS)은	탑승시간(권)은
BOOKING은 언제쯤	예약은 언제쯤
CANCEL될지도	취소될지도
독일에서 오는 CHARTER FLT는	독일에서 오는 전세기 편은
어느 CARRIER로 예약	어느 항공사로 예약
30분 전에 CHK-IN이 완료되므로	30분 전에 탑승수속이 완료되므로
018편 CIQ는	018편 입국수속은
COMPLAINT를 위한	불편신고를 위한
서울에서 CONNECTION하시려면	서울에서 연결하시려면
파리에서 CONNECTION FLT는	파리에서 연결 편은
CREW들이 교체되므로	승무원들이 교체되므로
DELAY가 예상되므로	지연이 예상되므로
DEPARTURE TIME은 모두 현지시간으로	출발시간은 모두 현지시간으로
뉴욕까지 DIRECT FLT는	뉴욕까지 직행 편은
공항에는 DUTY FREE SHOP이 없으므로	공항에는 면세점이 없으므로
E/D CARD를 쓰시고	출입국 카드를 쓰시고
다음주 EXTRA FLT가 있으므로	다음 주 특별기 편이 있으므로

WORK SHEET

1. 매슬로우의 욕구 5단계를 그림으로 그리고 설명하세요.

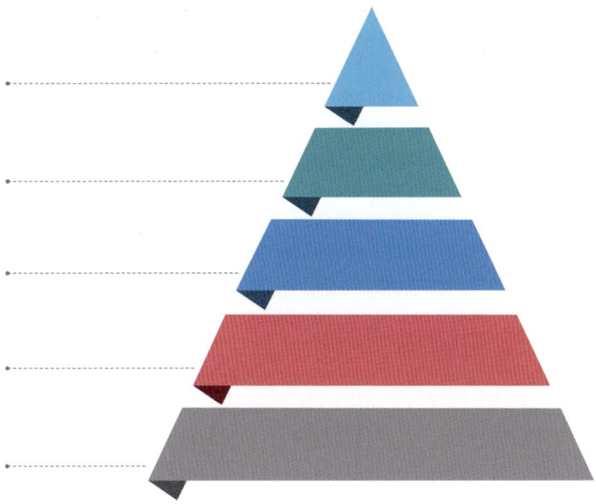

©Getty Images Bank

CHAPTER 03

항공객실서비스 고객 이해

Olga Visavi/Shutterstock.com

1. 항공객실서비스 품질

1) 서비스 품질의 개념과 특징

제품이나 서비스에 대한 품질은 형태가 없는 특징을 가지고 있으므로 정의하기가 쉽지 않은 개념이다. 특히 서비스 품질(service quality)은 다양한 서비스의 특성으로 인해 정의하기가 더욱 어렵기 때문에, 일반적으로 갭 이론(gap theory)이나 품질의 다섯 가지 차원 등을 이용하여 서비스 품질을 정의하거나 측정하고 있다.

서비스 품질은 1980년대 이후, 보다 좋은 제품을 보다 싼 가격에 효율적으로 제공할 수 있는 방법을 제시하기 위한 여러 경영 혁신 전략에 이어 기업의 경쟁력을 갖추기 위해 제품이 지녀야 하는 일반적인 속성이 아닌 기업의 성공을 좌우하는 경쟁적 우위를 창출할 수 있는 중요한 요소로 강조되기 시작하였다.

서비스 품질이란 고객의 기업 서비스에 대한 지각과 기대의 차이라는 게 갭 이론의 설명이다.

고객만족도 = 경험 − 기대

도표 3.1 | Servqual model

즉 고객이 서비스에 대한 기대치와 경험하고 난 이후의 인식의 차이 정도에 따라 서비스 품질의 만족과 불만족은 다음과 같이 결정된다.

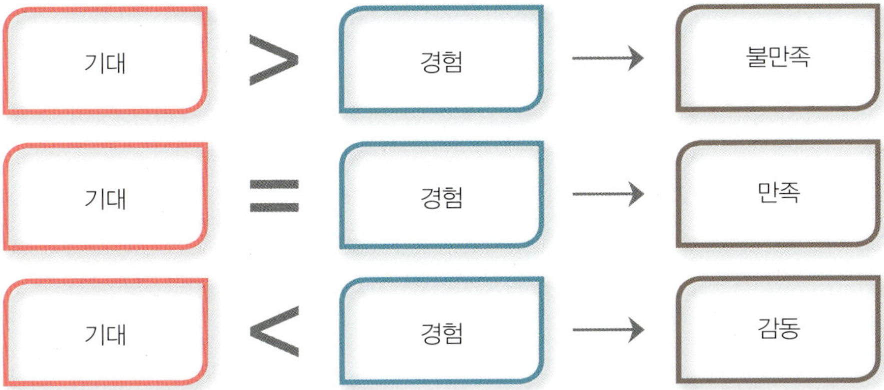

서비스 품질을 구성하는 다섯 가지 차원은 다음과 같다.

① **신뢰성**: 기업에서 제공해 주기로 약속된 서비스를 믿음직스럽고 정확하게 수행할 수 있는 능력으로서, 기업이 최초에 제공해 주었던 서비스와 동일한 서비스를 계속적으로 제공해 주는 것을 말한다. 고객은 신뢰성에 대한 영역을 서비스 품질에 있어 가장 중요한 영역으로 인지한다.

② **대응성**: 고객을 돕겠다는 의지나 신속한 서비스를 제공하려고 하는 의지로서, 서비스 실패에 대한 빠른 회복 노력, 서비스를 즉시 제공해 줄 수 있는 태도 등을 의미한다.

③ **확신성**: 종업원이 제공해 줄 것이라 믿는 확신과 신뢰, 종업원의 능력, 지식, 예의 등을 의미한다.

④ **공감성**: 고객에 대한 배려나 개인적인 친밀감을 의미한다.

⑤ **유형성**: 물리적인 시설이나 장비, 인력 등과 같은 설비 확충의 물리적 환경으로서, 서비스 제공 시설에 대한 환경, 설비나 장비로 표현되는 부분과 인력으로 표현되는 부분으로 구분한다.

2) 항공객실서비스 품질의 특징

항공객실서비스 특징은 다음과 같다.

첫째, 항공서비스 분야 중에서 고객과 접하는 시간이 가장 많은 곳은 항공기 기내로, 객실서비스를 통해 항공사 및 해당 국가에 대한 이미지를 갖게 된다.

둘째, 객실승무원은 직무의 특수성으로 고객뿐만 아니라 모두에게 노출되어있고, 외관상 화려한 인상을 주기 때문에 사회적으로 주목의 대상이 된다.

©Getty Images Bank

항공객실서비스는 객실 승무원에 의한 인적 서비스의 역량에 따라 서비스 품질을 평가받게 된다.

셋째, 객실승무원이 만들어 내는 인적 서비스는 계량화, 객관화, 수치화되기 어려운 특성을 갖는다.

넷째, 객실은 다양한 국적의 고객들이 탑승하기 때문에 객실서비스는 국제적 수준 및 감각을 갖게 된다.

다섯째, 객실서비스는 비행시간과 항공기 기종 및 크기에 따라 제공되는 서비스가 달라지며 항공사별로 차별화가 이루어진다.

3) 항공객실서비스 품질의 구분

항공 산업의 경쟁이 갈수록 치열해지는 요즘, 고객이 항공사를 이용할 때 고려하는 선택 요인 중 객실서비스는 항공사 서비스 품질의 주요 항목이 되고 있으며, 개인적인 여가 계획을 위해 항공기를 이용하는 고객이 많아짐에 따라 고객의 욕구 증대와 함께 객실서비스에 대한 수준도 크게 관심받고 있다.

또한 객실서비스는 항공사 운송서비스 중에서 고객과 근접하는 시간이 길어 고객의 만족 혹은 불만족에 대한 지각에 미치는 영향이 가장 큰 서비스이다. 점차 항공기 이용객 규모의 확대와 생활수준이 향상되고 고객의 욕구도 다양화되고 있기 때문에 객실서비스에 빠른 변화가 요구된다.

이에 따라 항공객실서비스의 고객만족에 영향을 주는 요소에 대하여 직접적인 항목과 간접적인 고객만족 항목 두 가지로 구분할 수 있다.

직접적인 고객만족 항목은 기내에서 제공하는 물적, 인적, 소프트웨어 서비스이며, 구체적으로 기내방송, 안전데모, 승무원의 적극성, 고객 불만 해소능력, 비정상 상황 대처능력, 청결한 기내, 승무원의 용모와 태도, 기내 식음료 서비스, 안전점검, 기내오락물 서비스, 좌석의 편안함과 공간, 기내설비 친절성, 외국어능력 등이다.

간접적인 고객만족 항목으로는 항공사 내부직원 간의 협조성과 항공 안전성이 있다. 협조성과 안전성은 객실서비스만의 구별되는 특징으로, 항공객실서비스 품질을 결정하는 구성요소라 할 수 있다.

또한 항공객실서비스는 서비스 흐름을 중심으로 이륙 전 서비스, 비행 중 서비스, 착륙 및 기타 서비스의 3단계로 구분할 수 있다.

① **이륙 전 서비스**: 항공권 예약, 발권과 탑승수속 및 수하물 처리에 대한 운송서비스로서, 예약 및 발권을 마치고 탑승수속을 통한 운송서비스를 이용하였던 고객이 항공기에 탑승하며 환영인사 및 좌석 안내를 받는 시점에서 시작되며 이륙 전 안전규칙 준수와 출발 전 준비에 대한 지상 업무를 말한다.

② **비행 중 서비스**: 기내에서 승무원이 제공하는 객실서비스가 주된 업무로서, 고객에게 기내안전과 여행에 필요한 정보, 기내 식음료와 기내 오락물(in flight entertainment) 제공, 기내 면세품 판매 등을 제공하는 서비스가 주류를 이루게 된다.

③ **착륙 및 기타 서비스**: 안전성, 정시성, 쾌적성 등의 운항 속성과 관계된 서비스와 승무원의 안전 업무 이행과 도움이 필요한 특수고객서비스 및 고객에 대한 도착지 규정 안내 및 정보 제공을 의미한다.

또한 항공객실서비스는 인적 서비스, 물적 서비스 그리고 시스템적 서비스로 구분할 수 있다.

첫째, 인적 서비스는 객실승무원에 의하여 고객에게 서비스를 제공하는 수고와 노동으로 구분할 수 있다.

둘째, 물적 서비스는 기내 설비, 좌석, 기내 이용시설, 비행 중에 제공되는 서비스 물품 및 기내 식음료 등에 의하여 제공되는 편의로 볼 수 있다.

셋째, 시스템적 서비스는 항공사 마일리지제도, 탑승수속을 위한 키오스크, AVOD(Audio Video On Demand) 등의 시스템에 의하여 제공되는 편의와 능률로 구분할 수 있다.

고객과의 대면서비스가 가장 대표적인 객실서비스는 물적 서비스와 인적 서비스의 비중이 가장 높으며, 항공운송서비스에서 가장 큰 비중을 차지한다고 볼 수 있다. 뿐만 아니라 항공법 및 객실서비스 기준에 따라 객실승무원의 항공기 탑승 전·후의 준비 및 점검 업무도 중요한 객실서비스 업무이다. 이러한 객실서비스는 고객의 안전한 여행을 보장하기 위하여 기내시설 및 장비의 안전점검 여부와 안전벨트 착용, 금연규정 준수, 비상 상황에 대한 제반 조치를 취하여 고객의 안전을 보장하여야 하며, 고객의 기본적 욕구를 충족시키기 위해 식사, 음료뿐만 아니라 영화, 음악의 제공과 면세품 판매 등 여러 가지 편의를 제공한다.

항공객실서비스는 서비스의 흐름에 따라 3단계로 구분된다.

결론적으로 항공객실서비스 품질은 항공여행의 고객에게 쾌적하고 안전한 여행을 제공하는 객실승무원의 업무에 대한 고객만족도와 평가라고 할 수 있다.

2. 항공객실서비스 고객 욕구

1) 8가지 기본 욕구

매슬로우의 인간욕구 5단계는 인간의 욕구 형태를 소위 최대공약수적으로 제시한 것으로서, 개개인에게 내재하는 욕구가 모두 이와 같이 상하관계에 있다는 것은 아니다. 어떠한 욕구가 상위를 차지하고, 어떤 욕구가 그다음인가는 사람마다 각기 다를 것이다. 그것은 사람의 가치체계가 각각 다른 단계를 이루고 있기 때문이다. 따라서 매슬로우의 인간욕구 5단계를 이해하고, 그것을 기초로 고객의 욕구체계가 어떻게 되어 있는지를 고객과 단계적으로 접촉하는 사이에 재빨리 파악하여 그에 따라 적절히 대응해 나가는 것이 객실승무원들에게는 무엇보다도 중요하게 요청되는 자질이라 할 것이다.

좀 더 구체적으로 항공객실서비스를 이용하는 고객들이 가질 수 있는 일반적인 욕구는 무엇인지 알아보자.

(1) 식욕

인간의 가장 기본적인 욕구는 생명을 연장 · 보존시켜 주는 음식물에 대한 것이다. 그러므로 기내 서비스에 있어서도 가장 기본이 되는 것은 역시 식음료 서비스이다. 따라서 승무원은 비행 중 끊임없이 객실순회 업무를 하면서 고객이 갈증을 느끼지 않도록 음료서비스를 하도록 하고, 기내식 서비스와 점검을 청결히 하며, 고객이 만족할 수 있도록 준비된 상태에서 제공하고, 정성껏 제공하여야 할 것이다.

©Getty Images Bank

(2) 수면

편안하게 쉬고 싶어 하는 수면의 욕구는 사람에게 없어서는 안 될 가장 중요한 욕구 중의 하나이다. 생활리듬과 시간대가 다른 다양한 고객들이 각자 충분히 휴식할 수 있도록 하기 위해서는 각별한 관심과 보살핌이 필요하다. 피로한 상태로 탑승하게 된 고객에게는 식사를 하거나 영화를 보는 것보다는 그저 방해받지 않고 편안히 수면을 취하는 편이 훨씬 쾌적한 여행이 될 것이다. 특히 기내의 소음, 좁은 좌석, 기압, 시차 등의 여러 가지 불편한 여건을 감안할 때 승무원의 세심한 배려가 필요하다.

©Getty Images Bank

(3) 온도

사람은 따뜻한 상태에 있기를 바라는 보온의 욕구를 가지고 있다(기내 최적 온도는 24~25°C). 보온의 욕구를 만족시킴에 있어서는 각 개인의 정도에 따르는 것이 원칙이나, 온도를 전체 고객의 욕구에 맞게 효율적으로 조절할 수 있는 방법에 유의하면서 객실상태를 점검하여야 한다. 객실이 전체적으로 춥거나 더우면 기내 체감온도를 확인 후 운항승무원과 정보를 공유한다. 기종에 따라 B747, AB6, B737 항공기는 조종실에 연락하여 기내온도 점검을 요청하고 확인하도록 하며, A380, A330, B777 항공기의 경우는 객실 온도조절 패널에서 온도를 점검하도록 한다. 개인의 신체적 상태가 다른 대부분의 고객 요구와 다를 때에는 고객의 컨디션에 따라 모포를 제공하거나 좌석 이동 등을 통하여 고객의 요구를 충족시켜 줄 수 있다.

(4) 친절한 서비스

고객이 항공사를 선택할 때 주요 고려사항은 승무원의 기내 서비스 수준과 내용 및 친절 등이 가장 크게 좌우된다고 알려지고 있다. 다시 말하면 이는 고객이 비행 중 얼마나 승무원으로부터 친절한 보살핌을 받고 싶어 하는가를 나타내는 결과이다.

또한 고객은 위에 열거한 여러 가지 생리적 욕구가 적절하게 충족되고 있다 해도, 객실이라는 제한된 공간에서 신체적 활동 욕구까지 충족시키는 데는 한계가 있을 것이다. 그러나 승무원들의 적극적인 객실순회 업무와 개별적인 고객 응대로도 고객의 요구를 충족시켜 줄 수 있을 것이다.

(5) 긴장감

여행은 사업이나 학술 등 공적 목적을 위한 경우도 있으나 여행 자체의 즐거움을 위해 떠나는 경우도 많다. 공무든 즐거움을 위해서든 일단 비행기에 오르면 누구나 스트레스에서 해방되어 여행의 즐거움을 만끽하려는 것이 일반적인 경향이다. 따라서 음식이나 음료로써 또는 좋은 대화를 통해서 그들의 여행 분위기를 잘 이끌어 주고 즐길 수 있도록 유도해 주는 것이 승무원의 임무라 할 것이다.

(6) 안전

목적지까지 무사하고 안전하게 도착하고 싶어 하는 것이 모든 고객의 가장 근원적이고도 본질적인 욕구이다. 승무원은 고객의 이런 욕구와 기대를 항상 의식하고 비행 안전과 보안에 깊은 관심과 노력을 기울여 고객에게 신뢰와 안정감을 심어 주도록 하여야 한다.

©Getty Images Bank

(7) 신뢰

고객은 때로 승무원들이 불친절하다든가 차별대우를 한다는 선입견을 가지고 여행에 임할 때가 있다. 특히 외국인에게나 특정 고객에게 지나친 친절과 호의를 베푸는 것은 동등한 자격과 권리를 가진다고 생각하는 고객의 기대를 저버리고 심한 불쾌감을 주게 되므로 기내 서비스에 있어서는 이런 점에 특히 주의를 기울여 업무를 수행하여야 한다.

(8) 공감

사람은 누구나 사랑받고 싶어 하고 인정받기를 바라는 욕구 또한 강하다. 그러므로 자기가 하찮은 존재가 아닌 귀중한 사람이라고 느낄 수 있는 대접을 받을 때 기쁨을 경험하게 된다. 남을 인정하는 가장 좋은 방법 중의 하나는 예의를 갖추어 공손하게 대하는 것이며, 대화를 나눌 때에는 경청하여 호응하고 칭찬 방법을 적절히 활용하여야 한다.

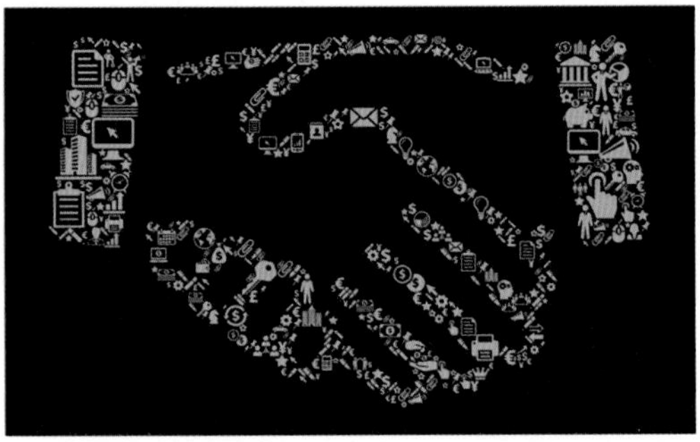

©Getty Images Bank

이 외에도 항공서비스산업에서 고객의 욕구와 서비스의 가치는 빠른 속도로 다음과 같이 변화해 가고 있다.

- 생활수준이 높아질수록 문화적 · 정신적 측면을 중요시한다.
- “상품”보다는 “가치”에 중점을 둔다.
- 시간 가치를 중요시한다.(상품 소비에서 시간 소비로 이동)
- 서비스에 가치를 둔다.
- 서비스에 대한 정보량이 많아짐에 따라 전반적으로 고객의 기대수준이 높아졌다.

2) 고객 기대심리

고객이 항공 여행을 위해 비행기에 탑승하게 되면 생소한 항공기의 구조와 시설물 사용법에 대한 미숙함, 낯선 환경으로 인해 다소 긴장하게 된다. 특히 여행 경험이 적은 고객에게는 그러한 긴장이 매우 부담스럽게 느껴진다. 이러한 고객의 마음을 재빨리 파악하는 일이야말로 대화의 중요한 관건이다. 승무원은 항상 배려와 존중하는 마음 자세, 부드러운 표정, 적극적인 대화로 고객서비스에 임하여야 한다.

고객이 바라는 서비스에 대한 기대 심리를 살펴보면 다음과 같다.

- 환영받고 싶다.
- 유쾌하고 친절한 대접을 받고 싶다.
- 기다리지 않고 신속한 서비스를 받고 싶다.
- 무리한 요구를 부탁해도 기분 좋게 해결해 주기를 바란다.

그리고 고객의 국적, 종교, 성별, 취향의 다양성에 따라 위에서 거론한 8가지의 기본적인 고객의 욕구 이외에도 고객이 항공객실서비스를 통해 원하는 욕구는 매우 다양하다.

그러므로 고객 기대에 따른 대응 방안에 대해 생각해 보자.

©Getty Images Bank

고객이 바라는 서비스는 무엇일까?

3. 항공객실서비스 고객 응대

1) 고객 성향

고객만족을 위한 서비스를 위해서는 대화하는 상대의 마음을 읽는 능력이 매우 필요하다. 상대방은 무슨 생각을 하고 있는지, 무슨 말을 건네면 관심을 갖게 되는지 찾기 위하여 상대방의 특징을 잘 관찰하여 고객에게 알맞은 화법을 구사해야 한다. 고객을 위한 차별화된 좋은 서비스가 이루어지도록 고객의 성향, 요구사항 및 업무상황에 맞춰 적절히 대응할 수 있는 고객 응대 방안을 토론과 실습을 통해 학습함으로써 창의적인 서비스가 가능하도록 지향하여야 한다.

특히 불만고객을 응대할 때에는 고객의 외형 및 내면 특징을 파악하여 자신의 서비스 대응을 점검하고, 대화에 있어서 자신감 있는 모습을 갖추어 고객 컴플레인에 적절히 대응하고 최소화함으로써 고객만족도를 극대화할 수 있다.

(1) 외적 성향 파악

- 고객의 용모, 피부색, 옷차림, 헤어스타일
- 고객에게서 풍기는 분위기: 지적, 내성적, 야성적, 외향적, 사교적
- 주위의 고객 혹은 승무원과의 대화 시 나타나는 말투나 어휘구사력
- 지니고 있는 장식품, 반지, 시계, 안경, 귀걸이
- 고객이 집중하고 있는 대상 혹은 대상에 따른 표정의 변화
- 고객의 용모에서 나타나는 특이점이나 특징적인 인상

(2) 내적 성향 파악

- 대화를 나누어 본다.
- 음식물, 신문, 잡지, 기타 서비스 물품 등을 권해 본다.
- 객실순회 업무를 통해 고객의 상태와 반응을 본다.
- 고객의 말에서 마음을 읽는다.
- 목소리의 고저, 대화 습관과 말의 속도를 살핀다.

- 이야기의 내용을 경청하고 요점을 살핀다.
- 고객의 시선을 주의 깊게 살펴본다.
- 얼굴의 만족도를 살펴본다.
- 주저하거나 표현하고 싶어 하는 것이 무엇인가를 파악한다.

2) 고객 응대 유의사항

(1) 무관심한 모습을 보이지 않는다

고객이 찾으면 하던 일을 멈추고 즉시 다가가서 그 용건을 신중히 들어 주는 태도를 취한다. 그리고 고객의 부탁이나 질문에 대해 적극적인 관심을 표명해서 고객의 입장에 동참하는 느낌을 주도록 한다.

(2) 고객이 기다려야 할 때에는 양해를 구하고 안내한다

문제의 해결은 신속하고 정확하게 마무리 지어야 한다. 승무원의 유능한 자질과 친절은 고객이 신뢰하고 안심할 수 있는 근거를 제공해 준다. 어쩔 수 없이 고객을 기다리게 할 경우 양해를 구하고 기다리는 시간이 다소 길어지면 중간에 이유와 상황을 설명한다.

(3) 동료와의 사담, 고객에 대한 비평을 하지 않는다

보이지 않는 공간이더라도 고객과의 응대 중 동료들과 사담을 나누면 그 고객에게 좋지 않은 인상을 주게 된다. 다른 고객에 대한 말을 하게 될 경우에도 고객은 똑같은 입장이 되어 불쾌하게 생각할 것이다.

(4) 고객과 논쟁을 하지 않는다

고객이 잘못하여 실수를 하거나 지나친 태도를 보여도 인내심을 가지고, 감정적으로 응대하지 말고 차분하게 대화하는 자세를 보인다. 해결 방안이 말의 표현만으로는 어려울 경우, 동작을 곁들여 설명한다.

(5) 모르는 것을 당연하게 여기지 않는다

자신이 모르는 내용에 대한 질문을 받았을 경우 "모르겠습니다."라는 말로 끝내지 말고 "곧 알아보겠습니다." 또는 "죄송합니다만, 곧 알려드리겠습니다." 등 끝까지 적극적으로 응대하려는 친절한 자세를 보인다. 하나의 질문이 다른 것과 연관이 있을 때 유사한 사항까지 설명하거나 해결해 주도록 하고, 고객이 알아야 할 사항까지 곁들여 설명해 준다.

(6) 바쁠 때에도 침착한 모습을 유지한다

흔히 일에 쫓길 때는 여유가 없어 보이고 정중하게 응대하기가 쉽지 않다. 이럴 경우에는 고객의 입장에서 판단하여 처신하도록 노력한다.

(7) 용모를 단정히 한다

단정한 용모복장은 고객 응대의 시작이라고 할 수 있다. 고객서비스 전에는 다시 한 번 단정함과 청결상태를 점검한다.

항·공·상·식

항공기는 얼마나 무거울까?

보잉 747의 최대 이륙 중량은 400톤이며, 에어버스 A380은 450톤 이상이다. 보잉 747의 경우 300명의 고객과 이들의 여행가방을 모두 합하면 약 30톤이 되는데 이 정도의 무게는 총무게의 10%도 되지 않는다.

연료가 전체 무게 대부분을 차지하기 때문에 조종사는 갤런 단위가 아니라 파운드(lb) 단위로 생각한다. 최초 연료공급부터 비행 도중의 연료소모에 이르기까지 모든 것을 용적 단위가 아니라 무게 단위로 계산한다.

예를 들어, 연료 90톤을 가득 채웠을 때(약 3만 갤런)의 연료 무게는 "Wide Body" 비행기 총중량의 1/3 정도를 차지한다.

연료소비에 따라 비행기 전체 무게와 무게 분포 및 무게중심이 바뀌므로 무게중심을 계속 계산하며 확인하여야 한다. 조종사는 무게 계산 부분을 집중적으로 교육받는데, 실제로는 모든 것을 컴퓨터가 계산한다.

Nadezda Murmakova/Shutterstock.com

WORK SHEET

1. 다양한 고객 기대 심리에 따라 항공객실서비스에 따른 구체적인 예시 상황과 대응 방안을 생각해 보세요.

- 환영 기대 심리

- 독점하고 싶은 심리

- 우월을 느끼고 싶은 심리

- 손해 보고 싶지 않은 심리

- 자기본위의 심리

02

항공객실서비스 고객 응대

CHAPTER 04 객실서비스 절차별 고객 응대

CHAPTER 05 항공 특수고객 응대

PART 02 **한눈에 보기**

PART 02
항공객실서비스 고객 응대

Chapter 04
객실서비스 절차별 고객 응대

1. 이륙 전 서비스

1) 탑승 인사
2) 좌석 안내
3) 웰컴 드링크 서비스
4) 담당 승무원 소개
5) 신문 서비스
6) 서비스 용품 제공
7) 이륙 전 안전 업무
8) 일행의 미탑승
9) 점프시트 착석 시 승객 응대
10) 이륙 시 귀 통증 호소 승객 응대

Chapter 05
항공 특수고객 응대

1. 항공 특수고객

2. 비행 중 서비스

1) 기내음료 서비스
2) 기내식 서비스
3) 객실 상태 점검 및 승객 휴식
4) 기내 면세품 판매
5) 입국서류 서비스

3. 착륙 후 서비스

1) 하기 안내
2) 하기 인사

2. 항공 특수고객의 범위

1) 무임여객(Non Revenue Passenger)
2) VIP와 CIP
3) 비동반 소아
4) 영·유아 고객
5) 임산부
6) 애완동물
7) 추방자
8) 죄수 운송
9) 환자, 병약자(Invalid Passenger)
10) 취객, 약물 중독환자(Intoxicated Passenger)
11) 스트레처 환자(Stretcher Carriage)
12) 한 가족 서비스(Family Care Service)
13) TWOV(Transit Without Of Visa)
14) 장애 고객

CHAPTER 04

객실서비스 절차별 고객 응대

Olga Visavi/Shutterstock.com

1. 이륙 전 서비스

1) 탑승 인사

고객과의 첫 대면이므로 첫인상이 중요하다. 밝은 미소를 띠고 활기찬 인사를 하여 승객을 진심으로 환영하고 있다는 느낌을 갖도록 해야 하며, 인사말은 같은 용어의 반복보다 승객에 따른 다양한 표현을 적절히 사용하여 생동감 및 진정성을 살리는 것이 효과적이다.

객실승무원의 환영 인사와 탑승 안내

- 환영 인사를 하면서 승객의 컨디션을 살핀다.
- 승객의 감정과 기분을 읽으면서 가볍게 미소를 짓는다.
- 탑승권을 주고받을 때는
  - 반드시 양손을 가지런히 하며, 손끝이 아니라 손바닥으로 받는다.
  - 되돌려줄 때는 손님 쪽에서 볼 때 바르게 하여 왼손으로 오른손을 받치고 공손하게 준다.

기내 서비스 대화 예시

승무원: 안녕하십니까? 어서 오십시오!

승 객: 이 비행기, 서울 가는 비행기 맞아요?

승무원: 네, 맞습니다. 손님! ○○항공 ○○○ 편입니다.
날씨가 무척 춥지요?(항공기)문턱이 미끄럽습니다.
탑승권을 보여 주시겠습니까?
손님 좌석은 건너편 통로 창가 측 좌석입니다.
좌석으로 안내해 드리겠습니다.

2) 좌석 안내

(1) 좌석 안내

승무원은 항상 승객을 도와주고자 하는 적극적인 자세로 탑승객을 맞이해야 한다. 어린이 동반고객이나 무거운 짐을 들고 힘들어하는 승객에게 인사만 하고 만다면 승객에게 좋은 서비스를 한다는 반응을 얻을 수 없다. 이러한 경우에는 인사와 함께 "제가 도와드리겠습니다." 하고 짐을 나누어 옮겨 주는 도움이 최선의 서비스가 될 수 있다.

승객의 짐 보관을 도와드리는 객실 승무원

기내 서비스 대화 예시

승무원: 안녕하십니까? 어서 오십시오. 좌석 안내를 도와드릴까요?

승　객: 좌석번호를 잘 모르겠는데요.

승무원: 탑승권을 보여 주시겠습니까?이쪽으로 오십시오.
제가 안내해 드리겠습니다. 짐은 제가 들어 드리겠습니다.
손님 좌석은 이쪽 창가 측 좌석입니다.(손님께서) 가지고 계신 짐은 위쪽 선반에 올려 드리겠습니다. 죄송합니다만, 술병은 선반 위에 겹쳐 올리시면 떨어질 염려가 있으니 좌석 밑에 보관해 주시겠습니까?
감사합니다. 즐거운 여행 되시기 바랍니다.

승　객: 오늘 승객이 많아요?

승무원: 예, 그렇습니다. 혹시 불편하신 점이 있으면 말씀해 주십시오.
저희가 도와드리겠습니다.

승무원: 그렇지 않습니다. 오늘은 좌석이 다소 여유가 있습니다.
도움 필요하신 일이 있으면 말씀해 주십시오.

(2) 좌석 변경

승무원이 좌석을 확인하는 동안 적정 공간을 마련하여 승객이 잠시 기다리는 동안 통로에서 머뭇거리거나 자칫 기분이 상하지 않도록 사전에 승객의 감정을 헤아려 줄 수 있는 세심한 배려가 필요하다.

기내 서비스 대화 예시 1

승 객: 승무원, 이 좌석이 중복된 것 같은데….

승무원: 제가 확인해 드리겠습니다.(탑승권 확인 후) 죄송합니다.
착오가 있었던 것 같습니다. 곧 조치해 드리겠습니다.
여기(crew seat)에 앉으셔서 잠시 기다려 주시겠습니까?
손님, 오랫동안 기다리셨습니다.
손님 좌석번호를 ○○로 바꿔 드리겠습니다. 제가 안내해 드리겠습니다.
이쪽으로 오시겠습니까? 이 짐은 제가 들어 드리겠습니다.
불편을 끼쳐 드려 죄송합니다.

〈시간 경과 후 응대〉

승무원: 불편을 끼쳐드려 죄송합니다.
혹시 그 외 필요하신 것은 없으십니까? 편안한 여행 되시기 바랍니다.

기내 서비스 대화 예시 2

승 객: 승무원, 내 자리에 다른 사람이 앉아 있는데요….

승무원: 탑승권을 보여 주시겠습니까?
제가 곧 알아봐 드리겠습니다.(앉아 있는 손님에게) 실례합니다.
손님, 죄송합니다만 탑승권을 보여 주시겠습니까? 네, 감사합니다.
손님 좌석은 45F로 바로 앞좌석입니다. 괜찮으시다면 자리를
옮겨 주시겠습니까? 편안한 여행 되시기 바랍니다.

기내 서비스 대화 예시 3

승 객: 제 친구가 저쪽에 앉아 있는데 옆에 함께 앉을 수 있을까요?
승무원: 네, 잘 알겠습니다. 탑승이 끝나는 대로 확인해 드리겠습니다.
그동안 손님 좌석에서 잠시 기다려 주시겠습니까?

〈좌석 여유가 있는 경우〉

승무원: 다른 손님께서 모두 탑승하신 후에 원하시는 빈 좌석으로 옮기시면
어떻겠습니까?

3) 웰컴 드링크 서비스

상위 클래스에서는 탑승 시 환영의 의미가 담긴 웰컴 드링크(welcome drink) 서비스를 제공한다. 이 시점은 첫인사와 함께 승객 개개인의 전반적인 컨디션을 확인하기 용이하다. 비행 전체적인 서비스에서 유념해야 할 사항, 각별히 신경을 써야 할 승객의 특징을 담당 승무원과 의논하여 서비스를 진행하는 것이 바람직하다.

Josub/Shutterstock.com

기내 서비스 대화 예시 1

승무원: 안녕하십니까? 날씨가 참 좋습니다. 탑승해 주셔서 감사합니다.
시원한 음료 한 잔 드시겠습니까?

승 객: 오렌지 주스 한 잔 주십시오.

승무원: 네, 곧 가져다 드리겠습니다. 여기 있습니다.
다른 필요하신 것은 없으십니까?

승 객: 기내가 약간 더운 것 같은데요.

승무원: 알겠습니다. 곧 기내 온도를 조정해 드리겠습니다.

기내 서비스 대화 예시 2

〈APU* 지원 등이 안 될 경우〉

승무원: 잠시 뒤 이륙한 후에는 곧 기내온도가 조절될 것입니다.
그동안 찬 물수건이라도 가져다 드릴까요?

*APU(Auxiliary Power Unit) : 보조동력장치.

기내 서비스 대화 예시 3

〈기내에서 서비스되지 않는 음료나 용품을 승객이 원할 때〉

승무원: 죄송합니다. 자몽 주스는 준비되어 있지 않습니다만,
대신 오렌지, 파인애플, 토마토 주스,
애플 주스나 구아바 주스는 어떻습니까?

4) 담당 승무원 소개

항공기 탑승 후 VIP 등 주요고객에게는 객실사무장과 담당승무원의 인사와 함께 소개를 하게 된다.

특히 상위클래스(일등석, 이등석)는 모든 탑승객에게 밝은 미소로 인사를 한다. 첫인사이므로 형식에 얽매인 상투적인 표현은 자제하고 반복적인 인사말을 지양한다. 자연스러운 소개를 위해 개별 승객에 맞는 진심 어린 인사말을 준비하여 좋은 인상을 남기도록 한다.

기내 서비스 대화 예시

승무원: 김 회장님. 저희 비행기에 탑승해 주셔서 감사합니다.
○○까지 모시고 갈 담당승무원 ○○○입니다.
편안한 시간 되시기 바랍니다.
승무원: 이 교수님. 담당승무원 ○○○입니다.
○○까지 저희 승무원들이 편안히 모시겠습니다.
즐거운 여행 하십시오.

5) 신문 서비스

객실승무원의 신문 서비스 시 자세

신문 서비스 시 승객이 원하는 만큼 충분한 양이 남아 있지 않거나 혹은 서비스 도중 일부 신문의 소진으로 선택의 여지가 적어질 경우 단순히 양해만으로 그칠 게 아니라 가능한 승객의 요구를 충족시켜 드릴 방안은 없는지 차선책을 찾아보는 노력이 필요한 시점이다.

기내 서비스 대화 예시

승무원: 신문이나 잡지 보시겠습니까? 일간신문과 잡지가 있습니다.
어떤 신문을 드릴까요? ○○, ○○, ○○지 등이 있습니다.

승 객: ○○신문은 없습니까?

승무원: 죄송합니다만, ○○신문이 모두 소진되었습니다.
곧 확인해 보겠습니다. 기다리시는 동안, 다른 신문을 보시겠습니까?

승 객: 그러죠. ○○신문 주십시오.

승무원: 감사합니다.

〈신문이 모두 소진된 경우〉

승무원: 죄송합니다. 손님께서 찾으시는 신문이 남아 있지 않습니다.
다른 손님께서 보신 신문이라도 괜찮으시다면 갖다 드리겠습니다.

6) 서비스 용품 제공

간혹 승객 중 다른 클래스에서 제공되는 서비스 용품을 요구하는 승객이 있다. 일단 가능한 범위 내에서 승객의 요구사항을 들어주도록 노력해야 하며, 불가능한 사항에 대해서는 거절 시 표현의 미숙으로 인하여 상대방의 자존심을 상하게 하거나 당혹감으로 무안해하지 않도록 하여, 재치 있게 해결할 수 있는 요령 등을 생각해 보도록 한다.

기내 서비스 대화 예시

승 객: 비즈니스 클래스 슬리퍼 하나 얻을 수 있을까요?

승무원: 손님, 이코노미 클래스에도 편의용품에 슬리퍼가 준비되어 있습니다.

승 객: 아는데… 저 앞쪽에서 하나만 갖다 주세요.

승무원: (잠시 후) 기다려 주셔서 감사합니다. 죄송합니다만, 말씀하신 슬리퍼가
승객 수에 맞춰서 탑재되었기 때문에 여분이 없습니다. 혹시 다른
필요한 것이 있으면 말씀해 주십시오.

7) 이륙 전 안전 업무

안전 업무를 수행하는 객실승무원

비상시 승객 안전을 위해 승무원이 수행해야 할 주요 임무 중 하나는 담당구역 승객의 벨트착용 여부를 확인하는 일이다. 이때 승무원의 어조가 자칫 경직된 명령조가 되기 쉬우므로 유의해야 한다. 정중하고 친절한 태도로 승객에게 세심한 배려의 느낌을 갖도록 함으로써 비행에 대한 승객의 불안을 덜어 주고 신뢰감을 얻도록 해야 한다.

기내 서비스 대화 예시 1

승무원: 손님, 이륙 준비를 위해 좌석벨트를 매어 주시겠습니까?

승 객: 아, 미안합니다. 그런데 어떻게 매지요?

승무원: 네, 제가 도와드리겠습니다. 이렇게 매시면 됩니다.
그리고 풀 때는 이렇게 하시면 됩니다.

승 객: 고마워요. 처음이라서… 비행기가 많이 흔들릴 모양이죠?

승무원: 아닙니다. 목적지까지 가시는 동안 기상은 매우 좋습니다만,
혹시 예기치 못한 비상시를 대비해 손님을 안전하게 모시기
위해서입니다. 비행기가 이륙한 후에도 착석 중에는 급작스런
기류변화로 기체가 흔들리는 경우가 있으니 매고 계시기 바랍니다.

기내 서비스 대화 예시 2

승무원: 손님, 비행기가 이륙한 후에 테이블을 사용해 주시겠습니까?
이착륙 시에는 다치실 염려가 있습니다. 죄송합니다만, 테이블과 좌석 등받이를 바로 세워 주시겠습니까? 비행기가 곧 이륙할 예정입니다.

기내 서비스 대화 예시 3

승무원: 죄송합니다만, 이 짐은 손님 것입니까?

승 객: 네, 그런데요.

승무원: 이곳 비상구는 손님 여러분의 안전을 위해 항상 비워져 있어야 합니다. 불편하시더라도 좌석 위 선반에 옮겨 주시겠습니까?

승 객: 둘 곳이 없어서 그래요.

승무원: 그럼, 제가 이 짐을 객실 뒤편에 보관해 드려도 되겠습니까?

승 객: 그렇게 해 주시겠어요?

승무원: 네, 도착한 후에 저희가 갖다 드리겠습니다. 내리실 때 잊으시지 않도록 꼭 확인해 주십시오. 귀중품이나 깨질 물건은 없습니까?

기내 서비스 대화 예시 4

〈유아동반승객〉

승무원: 좌석벨트를 매실 때에는 아기와 함께 매지 마시고 좌석벨트 표시등이 꺼질 때까지 아기는 벨트 밖으로 해서 꼭 안고 계시기 바랍니다.
아기와 같이 벨트를 매시면 비행기가 갑자기 멈추게 될 때 아기에게 엄마 체중이 실리게 됩니다. 다른 도와드릴 일은 없습니까?

8) 일행의 미탑승

항공여행의 경험이 적거나 단체여행인 경우 동반하는 일행이 제때 탑승하지 않아 걱정하는 경우가 종종 있다. 이때에는 초조해할 때 승객의 불안 심리를 이해하고 손님이 안심할 수 있도록 설명해 주어야 한다. 특히 적극적인 관심을 기울여 주는 것이 승객 입장에서는 가장 바람직한 서비스이다.

기내 서비스 대화 예시

승 객: 같이 갈 일행이 아직 안 탔는데요!

승무원: 그렇습니까? 현재 손님께서 계속 탑승 중이시니 곧 탑승하실 겁니다.

승 객: 그래도 시간이 다 되어 가는데….

승무원: 염려하지 않으셔도 됩니다. 밖에서 저희 직원들이 손님의 탑승 여부를 철저히 확인하여 손님이 모두 탑승할 때까지 기다리게 됩니다. 안내방송을 계속 하고 있으니 잠시 더 기다려 보시지요.

승 객: 그럴까요? 걱정이 돼서….

승무원: 조금 지나서도 안 오시면 저희 지상직원에게 연락해서 알아봐 드리겠습니다. 아직 안 오신 분 성함이 어떻게 되는지요?

9) 점프시트 착석 시 승객 응대

©Getty Images Bank
점프시트 착석

기체 이동(taxing) 중 승무원이 점프시트(jump seat)에 앉아 있을 때 주변에 앉은 승객들이 질문을 해 오는 경우가 종종 있다. 승객이 필요로 하는 정보를 제때 정확히 제공하는 일은 승객 입장에서 최상의 서비스가 될 수 있으므로 승객 응대에 충분히 활용해 보자. 때로 무표정하게 앉아 있는 승객에게는 밝은 미소를 지어 주거나 적절한 대화 소재를 통해 적극적으로 궁금한 부분의 도움을 주는 것도 좋은 방법이다.

기내 서비스 대화 예시 1

승무원: 안녕하십니까?

승　객: 안녕하세요. 저는 서울을 거쳐 오사카로 갑니다.
그곳에 친척이 있어서 휴가를 보내려 해요

승무원: 그렇습니까? 좋은 여행이 되시겠습니다.

승　객: 약 일주일 정도 머물 예정입니다.
그런데 공항에서 환승하는 동안 잠시 쉬며, 샤워도 하고 싶은데….

승무원: 공항에는 환승객을 위한 편의시설이 잘 갖춰져 있습니다. 취침을 위한 공간, 샤워 시설, 휴식 공간 등이 마련되어 있으니 사용해 보십시오. 좀 더 구체적으로 알고 싶으시면 저희 지상직원에게 문의하시면 상세하게 도와드릴 겁니다.

기내 서비스 대화 예시 2

승　객: 이 비행기에는 몇 명이나 탈 수 있습니까?

승무원: 총 ○○○명이 탑승하실 수 있습니다.
저희 승무원을 포함하면 ○○○명입니다.

승　객: 그렇습니까? 그럼 비행기 길이는 얼마나 됩니까?

승무원: 약 ○○미터 정도입니다. 높이는 ○○미터 정도 됩니다.

승　객: 대단히 큰 비행기군요!

승무원: 항공기에 관한 보다 자세한 내용은 좌석 앞주머니 안의 기내 잡지 뒷부분을 보시면 저희 ○○항공에서 보유하고 있는 전 기종에 대한 안내가 사진과 함께 나와 있습니다. 제가 페이지를 찾아봐 드리겠습니다.

10) 이륙 시 귀 통증 호소 승객 응대

승객이 통증을 호소하는 경우 적절한 도움을 통해 통증을 해소할 수 있다.

비행기가 이륙할 때 여압 차이로 느끼게 되는 귀의 통증과 압박감은 생소한 상황이므로 이러한 현상에 대해 자주 질문을 받게 된다. 이에 대한 구체적인 설명이나 간단한 처방을 알려 줌으로써 승객이 느끼는 막연한 불안감이나 궁금증이 해소될 수 있다.

기내 서비스 대화 예시

승 객: 승무원, 귀가 멍멍한데 어떻게 해야 하죠?

승무원: 이착륙 시 기내 여압차이로 발생되는 일시적인 현상입니다.
침을 삼키거나 하품을 해 보십시오.
발살바(Valsalva)를 해 보시는 것도 도움이 됩니다.(따라 하도록 행동을 보이며) 코와 입을 막으시고 코를 손으로 잡으신 다음 숨을 내뱉듯이 하여 코 안의 압력을 높여 보십시오.

승 객: 약간 괜찮아진 것 같은데요.

승무원: 조금 지난 후에도 계속 통증이 있으면 말씀해 주십시오.
물이나 음료수를 드시는 것도 효과가 있습니다.

발살바 실시 요령

- 손가락으로 코를 집는다.
- 입을 닫는다.
- 천천히 바람을 불어 코 안의 압력을 높인다.

2. 비행 중 서비스

1) 기내음료 서비스

기내식은 주로 서양식의 식사를 준비하여 제공하므로 칵테일 등 가볍게 식전 음료를 권하는 것이 바람직하다. 식전에 식욕을 돋우기 위해 서양에서는 가벼운 칵테일 음료를 마시는 식생활 습관이 보편화되어 있으나 익숙지 못한 내국인의 경우 칵테일의 주문에 다소 어색해하는 사례가 종종 있다. 손님이 관심을 표하면 권해 줄 만한 칵테일을 소개하는 세심한 배려를 보여 주고 음료의 종류는 많이 선호하는 순으로 설명하는 것이 좋다.

바른 자세로 기내음료를 서비스하는 모습

기내 서비스 대화 예시

승무원: 손님, 식사 전 음료 한 잔 드시겠습니까?
주스류, 소프트드링크와 칵테일, 위스키 등이 준비되어 있습니다.

승　객: 칵테일은 어떤 것이 있습니까?

승무원: 진토닉, 맨하탄, 마티니, 블러드메리, 스크루 드라이버 등이 있습니다.
손님께서 드시고 싶은 칵테일을 말씀해 주시면 저희가 정성껏 만들어 드리겠습니다.

2) 기내식 서비스

식사(meal) 서비스 중 어느 한 종류의 소진으로 승객이 원하는 메뉴를 먹을 수 없을 때 서비스하는 승무원의 입장에서 난처하기 쉽다. 자칫 승객의 불만이 생길 수도 있으므로 바람직한 대화와 최선을 다하고 있다는 느낌을 갖게 함으로써 승객의 이해와 협조를 이끌어 낼 수 있도록 한다.

식사를 제공할 때에는 일사일언을 실행하도록 한다.

기내 서비스 대화 예시 1

승무원: 손님, 점심 식사하시겠습니까? 닭고기 요리와 소고기 요리가 준비되었으나 소고기 요리는 현재 모두 소진되었습니다.

승 객: 다른 종류는 없어요?

승무원: 죄송합니다만, 이 요리는 닭 가슴살을 매콤하게 조리한 것인데 밥이 곁들여 있어 드시면 맛이 괜찮습니다. 드셔 보시겠습니까?

승 객: 그럼 닭고기로 주세요.

승무원: 충분히 준비하지 못해 죄송합니다. 두 번째 식사는 먼저 선택하실 수 있도록 메뉴 주문 받겠습니다. 맛있게 드십시오. 더 필요하신 것이 있으면 말씀해 주십시오. 이해해 주셔서 감사합니다.

기내 서비스 대화 예시 2

승무원: 손님, 점심 식사 준비해 드리겠습니다. 테이블을 펴 주시겠습니까?

승 객: 메뉴가 뭐죠?

승무원: 소고기 갈비찜 요리와 생선튀김 요리 두 가지가 있습니다.

승 객: 생선은 어떤 종류입니까?

승무원: 농어 요리인데 버섯소스를 곁들여 맛이 담백하고 부드러운 감자요리와 곁들여 맛이 좋습니다.

승 객: 한식을 먹고 싶은데….

승무원: 그럼 밥과 함께 준비된 갈비찜 요리는 어떠십니까?

기내 서비스 대화 예시 3

〈기내식 회수〉

승무원: 식사 맛있게 드셨습니까? 트레이를 치워 드릴까요?

승 객: 네, 그래요.

승무원: 더 필요한 것은 없으십니까?

3) 객실 상태 점검 및 승객 휴식

(1) 물건 보관

간혹 승객으로부터 깨지기 쉬운 물건이나 냉장보관을 요하는 물품을 보관해 달라는 주문을 받을 수 있다. 이때는 보관 가능 여부를 판단하여 불가능한 경우 기내공간의 제한에 의한 불가피성을 승객에게 이해시키는 과정이 뒤따라야 한다. 가급적 이런 귀중품은 승객 자신이 보관하도록 유도하고 짐을 맡을 경우에는 파손 시의 책임에 대한 승객의 확인 및 보관 장소 등을 상세하게 알려 주어 사고의 사전 예방 조치가 필요하다.

기내 서비스 대화 예시

승　객: 이거… 냉장고에 보관 좀 해 주실 수 있나요?

승무원: 죄송합니다만, 물건 크기보다 기내 냉장고가 작습니다.
어떤 내용물입니까?

승　객: 한약이에요.

승무원: 귀중한 것이군요. 그러시면 제가 비닐 백에 얼음이나 드라이아이스를 넣어 갖다 드릴 테니 그 속에 보관하시면 어떻겠습니까?

승　객: 그렇게 해 주시겠어요?

승무원: 네. 잠시만 기다려 주십시오. 나중에 얼음이 어느 정도 녹으면 다시 말씀해 주십시오.
(시간 경과 후에, 승객의 요청이 없어도) 얼음이 녹았는지 보겠습니다.
새것으로 다시 교체해 드리겠습니다.

(2) 조명 조절

휴식 중 창문을 내리지 않는 승객이 있을 수 있다. 특히 기내 조명을 나이트(night)로 한 후 창문 커튼을 닫는 행위에 대해서는 각별한 신경을 써야 한다. 승객이 독서를 즐기고 있을 때 일방적으로 창문 커튼을 내려 달라는 행위 등은 주의해야 한다.

독서등(reading light)

> **기내 서비스 대화 예시**
>
> 승무원: 실례합니다, 손님. 곧 객실 조명이 어두워집니다. 제가 독서등을 켜 드릴까요?
> (라이트 조작이 서툰 승객에게는) 제가 켜 드리겠습니다. 이렇게 누르시면 됩니다. 즐거운 시간 보내십시오.

(3) 비행 정보

최근에는 항공기 시스템 중 AVOD를 통하여 비행정보를 확인할 수 있으나, 종종 비행 정보에 대해 객실승무원에게 묻는 경우가 있다. 이 경우 승무원은 반드시 정확한 정보를 알려 드려 혼선이 생기지 않도록 해야 하며, 질문의 의도를 확인하여 승객이 요청한 부분이 무엇인지 알고 도움을 드리도록 한다.

> **기내 서비스 대화 예시**
>
> 승 객: 정시도착인가요?
> 승무원: 우리 비행기는 ○○시 ○○분에 도착 예정입니다.
>
> **〈승객이 연결 편 탑승시간 등으로 좀 더 정확한 정보를 알고 싶은 경우〉**
> 승무원: 예정된 도착시간에 변동이 있으면 다시 알려 드리겠습니다.
> 예정보다 ○○분 늦어져서 ○○시에 도착할 예정입니다.
> 편서풍의 영향으로 비행시간이 조금 길어졌습니다.
> 도착 후 일정은 없으신지요?

(4) 아픈 승객

기내에 탑재되어 있는 구급상비약은 수량과 종류가 한정되어 있고 지상과는 달리 기내의 공간적 제약으로 부작용 발생 시 심각한 문제점이 야기될 수 있다. 따라서 승객이 약을 요구할 경우 반드시 증상 및 알레르기 반응 여부에 대한 확인절차가 필요하며, 특히 습관적이거나 별로 몸이 불편해 보이지 않는 승객에게는 적절한 대화를 통해 다른 방안을 제시하여 부적절한 처방을 방지하는 것이 필요하다.

기내 서비스 대화 예시 1

승무원: 손님, 안색이 안 좋으신 것 같습니다.
어디 불편하시지는 않습니까?
승　객: 많이 먹은 것 같은데 혹시 소화제 있으면 좀 갖다 주세요.
승무원: 예. ○○○이 있는데 괜찮으십니까?
승　객: 예, 좋아요.
승무원: 여기 있습니다. 많이 불편하시거나 통증은 없으십니까?
승　객: 그렇진 않은데 과식을 했는지 속이 더부룩합니다.
승무원: 기내에서는 지상에서보다 소화가 안 되는 경우가 많습니다.
목이 마르실 때는 탄산음료는 가급적 삼가시고 생수를 조금씩 드시면 도움이 되실 겁니다.

기내 서비스 대화 예시 2

승 객: 멀미약 있으면 좀 갖다 주세요.

승무원: 아, 그러세요?(승객의 표정이나 증상을 자연스럽게 살펴본 후)
곧 갖다 드리겠습니다. 잠시만 기다려 주십시오.
○○○ 멀미약 여기 있습니다.
계속적으로 불편하시면 저희에게 말씀해 주십시오.
가급적 탄산음료 같은 가스를 발생시키는 음식은 드시지 마시고 찬 생수를 조금씩 드시는 것이 좋습니다.
(잠시 시간이 경과한 후) 지금은 어떠세요? 괜찮으십니까?

4) 기내 면세품 판매

비행 중 특히 염두에 두어야 할 사항은 기내판매 역시 서비스의 일환으로 제공되어야 한다는 사실이므로 판매 수익보다도 승객이 구매하고자 하는 물건을 판매하는 서비스 제공 차원에서 공손하고 친절한 자세로 임하도록 한다.

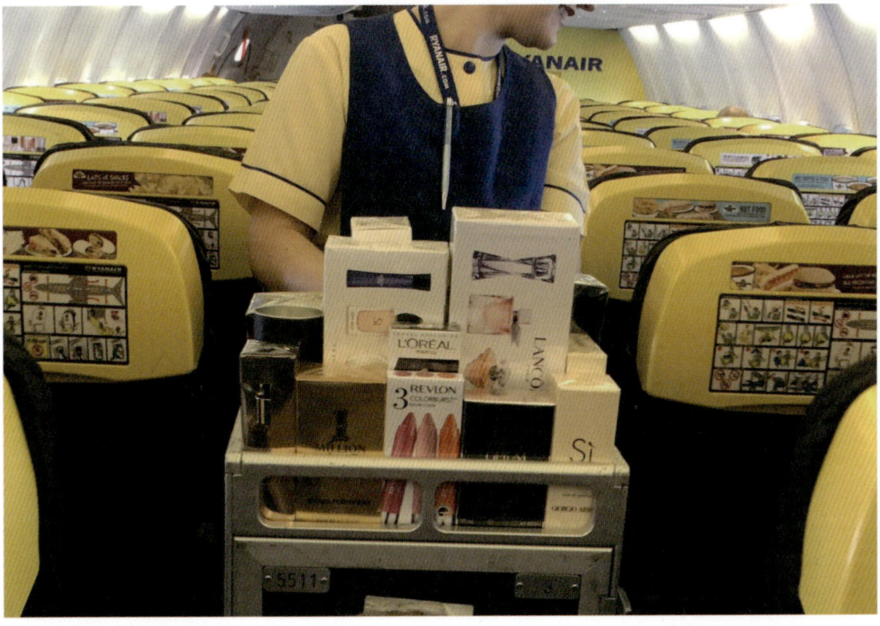

©Getty Images Bank

면세품을 사전에 주문하는 승객이 있을 경우 기내사전주문서의 작성을 유도하고, 승무원이 도와주기에 어려운 일이라도 최선을 다하겠다는 성실한 자세를 보임으로써 서비스에 대한 좋은 이미지를 남기도록 한다.

기내 서비스 대화 예시 1

승무원: 기내 면세품 판매합니다. 필요하신 물건 있으십니까?
승　객: 발렌타인 위스키 3병 주세요.
승무원: 발렌타인 위스키 3병 주문하셨습니다.
다른 필요한 물건은 없으십니까? 계산은 무슨 화폐로 하시겠습니까?
기내 수수가 가능한 화폐단위로는 ○○이 있습니다.
원화(미화)로 하시겠습니까?
승　객: 영국 파운드로 계산할게요.
승무원: 죄송합니다만, 파운드는 기내에서 수수하지 않고 있습니다.
전부 미화로는 ○○불입니다.
○○불 받았습니다. 발렌타인 위스키 3병 여기 있습니다.
거스름돈은 ○○달러입니다. 구매해 주셔서 감사합니다.

기내 서비스 대화 예시 2

승　객: 부탁이 있는데 면세품 판매는 언제 합니까?
꼭 필요한 물품인데, 지금 주문하면 안 될까요?
승무원: 예. 주문하실 수 있습니다.
좌석 앞주머니 속의 기내사전주문서를 작성해 주시겠습니까? 그리고 곧 기내판매가 있으니 그때 필요한 물품을 확인하실 수 있습니다.
승　객: 주문서 작성할게요.
승무원: 알겠습니다. 작성이 끝나면 말씀해 주십시오.
확인해서 알려 드리겠습니다.

5) 입국서류 서비스

승객이 외국을 여행하게 되면서 가장 궁금한 것 중 하나가 도착지 공항의 CIQ (세관 검사, 출입국 관리, 검역), 특히 "세관 규정"에 관한 것이다. 따라서 이러한 질문에 승무원이 친절한 자세로 승객이 원하는 정보를 정확히 제공하는 일이 중요함을 기억하라.

입국서류 서비스는 도착 전 제공하며 정확한 정보를 알려 드린다.

기내 서비스 대화 예시

승　객: 승무원, ○○입국 시 세관 규정이 어떻게 됩니까?

승무원: 네. 술 ○병, 담배 ○보루, 향수 ○온스까지는 면세혜택을 받으실 수 있습니다. 비거주자인 경우 미화 ○○○달러에 상당하는 기타 물품의 반입이 추가로 허용됩니다.

승　객: 사실은 그곳에 사는 친척들이 많아 선물을 준비하다 보니 액수가 약간 초과된 것 같은데 어떻게 됩니까?

승무원: 조금 초과된 부분에 대해서는 대체로 면세범위로 허용되는 예도 있습니다만, 규정은 면세범위가 초과된 물품에 대해 ○% 세금을 내도록 되어 있습니다. 여기 신고서 뒷면에 있는 통관금지물품은 없는지 살펴보시고 내용물의 총가격이 미화 ○○달러 이상일 경우는 세관신고서 뒷면에 기입하셔야 합니다.

승　객: 네. 잘 알겠습니다.

승무원: 작성하시면서 도움이 필요한 점이 있으면 말씀해 주십시오.

3. 착륙 후 서비스

1) 하기 안내

기내 서비스 대화 예시

승무원: 이 가방이 김 상무님 가방 맞습니까?

승　객: 네, 맞아요. 고맙습니다.

승무원: 여기 있습니다. 오시는 동안 불편하신 점은 없으셨습니까?
잊으신 물건은 없는지 귀중품을 다시 한 번 확인해 주십시오.

2) 하기 인사

긴 시간 동안 여행하면서 대화를 나누며 감사와 즐거운 여행의 표현을 함께 전달하면서 승객에게 기억에 남는 좋은 인상을 심어 주는 마지막 서비스 동작이므로 한층 더 신경을 써서 인사를 건네도록 한다. 같은 말을 되풀이하는 것은 지양하며, 승객의 개별적인 특성에 맞는 하기 인사를 하도록 한다.

기내 서비스 대화 예시

승무원: 감사합니다. 안녕히 가십시오.
탑승해 주셔서 감사합니다. 즐거운 여행 하십시오.
장거리 여행에 오시느라 피곤하시지요!
다시 만나 뵙게 되기를 바랍니다.

항·공·상·식

악천후 시 항공기 운항

장마철 단순히 비가 많이 온다고 해서 비행기를 운항하는 데 지장을 받지는 않는다. 하지만 시야 확보가 어려울 만큼의 폭우라면 영향을 받을 수도 있다. 태풍은 강한 바람을 동반하기 때문에 원천적으로 항공기는 태풍상황에서는 운항하지 않는다. 비행기는 바람에 민감하기 때문에 이착륙 강도 이상의 바람이 불 경우에는 공항 당국으로부터 아예 출항 허가가 나지 않는다.

장거리 비행에서 이미 목적지 공항 상공에 도착했는데 바람의 강도가 착륙 허용치 이상일 경우에는 인근의 허용치 이하인 다른 공항으로 날아가 착륙하게 된다. 특히 활주로 정면보다 측면에서 부는 바람이 항공기 이착륙에 더 큰 지장을 주는 것으로 알려져 있다. 측풍이 일정 기준치 이상 불면 비행기 엔진으로 공기 유입이 원활하지 못해 작동되지 않을 수도 있기 때문이다.

항공기는 태풍을 만나게 되면 기체가 심하게 흔들리고 때로는 균형을 제대로 잡지 못하거나 순간적으로 추진력을 충분히 발휘하지 못해 위험할 수 있으므로 항공사는 일반적으로 그런 비행계획은 수립하지 않는다. 따라서 태풍이 지나가는 길목에 있는 도시로 향하는 항공 편은 전부 결항된다고 보면 된다.

WORK SHEET

1. 기내식 및 음료 서비스 시 고객의 욕구를 충족시킬 수 있는 구체적인 기내 서비스 내용과 서비스 대화를 적어 보세요.

2. 기내에서 쾌적한 여행과 휴식을 위한 고객의 욕구를 충족시킬 수 있는 기내 서비스 내용과 서비스 대화를 적어 보세요.

CHAPTER 05

항공 특수고객 응대

Olga Visavi/Shutterstock.co

1. 항공 특수고객

항공사 특수고객(special passenger)이란 일반고객과는 달리 환경적, 정신적, 육체적 상태가 도움이 필요한 고객을 의미하며, 객실승무원은 항공기 탑승부터 이를 도와 비행 중 기내 서비스와 하기 시 지원까지 도움을 제공해야 한다.

육체적 질환 환자, 장애인, 임산부, 비동반 소아, 유아동반 승객, 한 가족 서비스 제공 고객, 추방자, 죄수 호송, 환승객 중 연결 편의 환승시간이 늦은 고객, 종교, 건강, 연령상의 이유로 특별식을 기내식으로 주문한 고객, VIP, CIP 등 특수고객의 범위는 매우 다양하다.

다음에서 항공사 특수고객에 대해 좀 더 구체적으로 알아보자.

2. 항공 특수고객의 범위

1) 무임여객(Non Revenue Passenger)

항공사의 특별한 서비스를 받게 되고, 무임항공권으로 여행하는 고객을 말하며, 이들은 대부분 항공사의 간부나 항공사의 초청객이기 때문에 일반고객과 동일하게 서비스해야 한다. 특히 이들은 자기 항공사와 타 항공사의 서비스 문제점을 비교한다든지, 항공 업무에 대한 전문지식이 많기 때문에 구체적인 질문을 하는 등 항공사의 서비스품질 향상을 위한 관심이 매우 많으므로 승무원들이 서비스하는 자세를 주의 깊게 관찰하기도 한다.

다음은 비행요금과 관련한 승객 구분에 대한 설명이다.

- FOCSA: Free Of Charge On Space Available의 약자로서, 여유 좌석이 있는 경우에 탑승이 가능한 무료 항공권 소지 고객을 의미한다.
- FOCMR: Free Of Charge On Confirmed Basis(Seat Confirmed)의 약자로서, 유상승객과 동일하게 좌석예약이 확보 가능한 무료 항공권 소지 승객을 의미한다.
- NOSUBLO: No Subject To Load의 약자로서, 좌석예약이 확보된 할인 항공권이며, 일반적으로 항공사 직원의 할인 항공권 소지 승객을 의미한다.
- SUBLO: Subject To Load의 약자로서, 모든 비용을 승객이 부담하고, 일반적으로 항공사 직원의 할인 항공권 소지 승객을 의미한다.

2) VIP와 CIP

VIP는 Very Important Person의 약자로서, 공식적으로 정의된 회장, 대표이사, 국회의원 고위 인사 등을 말한다. CIP는 Commercially Important Person의 약자로서, 회사에서 정의한 사회적 인사나 회사 간부 등을 말한다.

VIP, CIP에 대한 정보는 브리핑에서 자세하게 제공되며 승무원에게 정확히 전달되어야 한다. 일반적으로 CIQ 협조를 구할 수 있으므로 출발지, 경유지, 도착지에서 공식적인 영접을 받게 된다. 또한 이들은 VIP 라운지를 사용하고 탑승할 때 자사 직원의 특별한 보호와 안내를 받으면서 탑승한다. 각 지역별 운송담당자는 구체적인 정보를 객실부와 운항부에 전달하고 해당 편의 사무장은 VIP, CIP의 성명, 직위, 기호(음식, 술, 음료수, 음악, 독서 등) 그리고 건강상태까지 미리 알아 담당승무원들과 정보를 공유하면 서비스 시 많은 도움을 줄 수 있다. 담당승무원들은 웰컴 인사에서부터 승객의 직함을 호칭하여 "김 회장님, 어서 오십시오." 등의 인식 서비스를 사용하도록 하여 실례를 범하지 않도록 한다.

기내 서비스는 다른 승객에게 이해를 얻고서 가장 먼저 시작하는 것이 좋다. 여기에서 무엇보다 중요한 것은 VIP, CIP 서비스로 인해 다른 승객들로 하여금 부적절한 비교 대우를 받고 있다는 느낌을 받게 하거나 불쾌감을 느끼지 않도록 각별한 주의가 필요하다는 것이다.

1000 Words/Shutterstock.com

미국 오바마 전 대통령의 하기 모습

대표적인 VIP의 경칭

- 국왕: Your Majesty
- 여왕: Your Majesty
- 왕녀: Your Highness
- 대통령: Mr. President
- 수상: Mr. Premier
- 지사: Governor
- 고급대사: Your excellency 또는 Mr. Ambassador

3) 비동반 소아

비동반 소아(Unaccompanied Minor, UM)란 성인 동반인 없이 여행하는 소아를 의미하며, 해당 연령은 국제선 만 5세부터 만 12세 미만, 국내선 만 5세부터 만 13세 미만에 해당한다. 경우에 따라 UM의 연령을 만 16세까지 확대한 Optional UM(만 12~16세)도 있다. 쉽게 말해, 항공사는 성인 보호자 없이 항공기에 탑승하는 어린이 승객의 안전한 여행을 위해 출발지 공항부터 목적지 공항까지 'UM Care 서비스'를 제공한다. 따라서 객실승무원은 비행 전, 객실사무장(팀장) 주관하에 시행되는 객실브리핑을 통해 담당구역 내 UM 승객 서비스에 대한 세부 내용 및 계획을 확인해야 한다.

비동반 소아의 특징은 다음과 같다.

- 만 5세 미만의 소아는 어떤 경우라도 혼자 여행을 할 수 없다.
- 최소한 출발 24시간 전까지 예약센터를 통해 UM 서비스를 신청하고 확약을 받아야 한다.
- '비동반 소아 운송 신청서'를 작성한다. 이때 출 · 도착지에서 인수할 부모나 보호자의 정확한 인적사항과 연락처(주소, 전화번호)를 기재한다.
- 국내선 구간은 무료이나 국제선은 여행하는 국가에 따라 서비스 요금이 다르게 적용된다(소아나 학생이라도 성인 운임과 동일한 경우도 있다).

- 도착지에서 소아를 인수받을 보호자가 없을 경우에는 최초 출발지로 되돌아올 수 있으며 그에 따른 모든 비용은 출발지 보호자가 부담하여야 한다.
- UM은 비상구 좌석에 배정될 수 없다.

Flying Mom Service

이 서비스는 보호자 없이 홀로 여행하는 어린이 승객의 부모들을 위해 담당승무원이 엄마처럼 어린이 승객의 식음료 섭취 내용, 수면, 휴식, 기분, 건강상태 등 기내 생활 전반을 세심하게 보살핀 후 편지를 작성하여 도착지의 부모(보호자)에게 전달하는 방식으로 이루어진다. Flying Mom Letter는 5시간 이상 되는 중/장거리 비행 편에서 UM CIQ 입국카드와 함께 승무원이 작성한다.

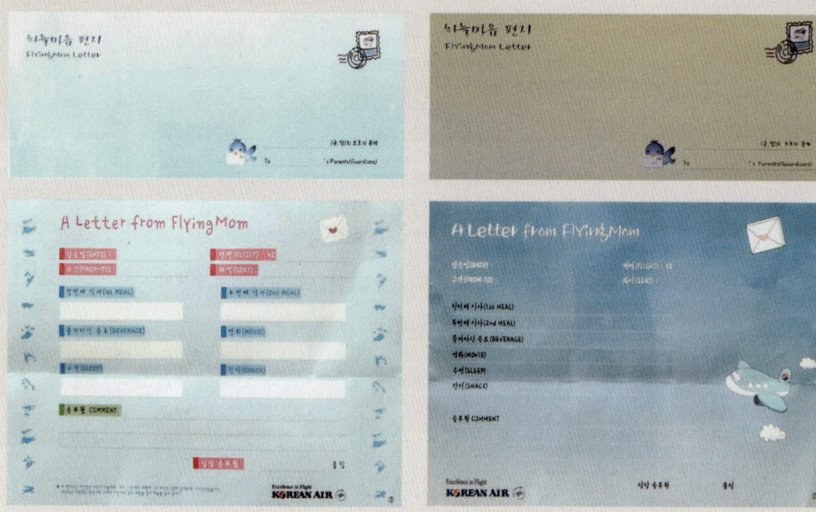

4) 영·유아 고객

유아 승객의 적용 범위는 국제선인 경우 생후 14일부터 2세 미만이고, 국내선은 생후 7일부터 2세 미만이며 어떠한 질병도 없고 성인 보호자를 동반하는 경우 제약 없이 항공여행을 할 수 있다. 생후 7일 미만의 신생아는 항공 여행이 불가하다.

유아 동반 승객이 사전에 신청한 경우에는 요람(baby bassinet)을 제공받을 수 있으며, 제한 범위(load limits)는 몸무게 11kg 미만, 키 75cm 미만이다. 만일 동반 승객이 유아 신체 사이즈를 알지 못하는 경우는 통상 6개월 미만의 생후 개월 수 확인을 통해 요람 서비스 가능 여부를 판단한다.

일반적으로 여행하는 승객은 막연한 공포감, 흥분감, 지루함, 초조함을 느끼는 경우가 많다. 특히 어린이를 동반한 승객은 아이를 돌보는 데 더욱 신경을 쓰게 마련이고, 비행 중 아기를 동반한 승객이 불쾌하거나 정신적으로 불안정하면 아기에게 영향을 줄 수밖에 없다. 그러므로 유아와 동반 승객 모두를 목적지까지 편안하게 돌봐야 하는 것이 승무원의 중요한 임무이며, 다른 승객의 쾌적한 여행과 동반 승객의 만족을 위해 최선을 다해야 한다.

Baby Bassinet 규정

- 기준: 몸무게 11kg 미만, 신장 75cm 미만
- 시점: 이륙 후 Fasten Seat Belt Sign Off 시, 착륙 전 Approaching Signal On 시
- Turbulence 발생 시에는 Baby Bassinet 이용 아기의 안전을 위해 보호자가 직접 안고 있어야 한다는 유의사항을 반드시 안내해야 함

요람(bassinet)에서 자고 있는 아기

5) 임산부

일반적으로 임산부가 32주 미만인 경우는 일반고객과 동일하므로 환자 승객이나 장애 승객으로 간주되지 않으나, 출산이 임박했거나 합병증이 예상되는 경우에는 의사 소견서 및 서약서가 필요한 것으로 간주한다. 32주에서 36주의 경우는 서약서가 필수이며, 37주 이상의 경우는 태아와 임산부의 건강을 위해 탑승할 수 없다.

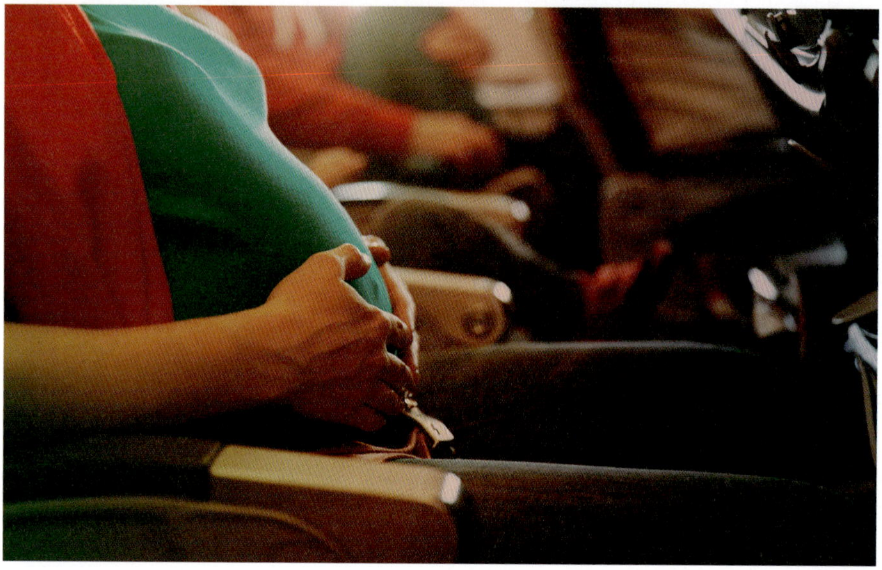

임산부는 일반승객과 동일하나 32주 이상은 주의를 요한다.

32주 이상인 경우에는 아래의 조건 및 절차에 따라야 한다.

- 항공 여행 72시간 내에 산부인과 의사 또는 관련 의료인이 발급한 진단서 원본 1부를 제출하여야 한다.
- 서약서 2부를 공항에서 작성해서 제출해야 한다.
- 객실 사무장은 진단서 사본 1부와 서약서 1부를 출발 공항으로부터 수령해서 도착지 공항에 전달한다.

6) 애완동물

기내 반입 가능한 애완동물은 생후 8주 이상의 개, 고양이 및 애완용 조류이다. 동반 승객은 애완동물 보관용 컨테이너(hard 또는 soft cage)에 넣어 운송하여야 하며 비행 중 보관용 컨테이너에서 애완동물을 꺼낼 수 없다. 또한 애완동물 보관용 컨테이너의 크기는 앞좌석 아래 공간에 들어갈 수 있는 크기여야 한다.

기내에서는 애완동물 케이지가 필요하다.

7) 추방자

추방자(deportee)란 항공기 출발 국가에서 불법체류자, 범법자 등 법률을 위반하여 강제로 출국조치를 당한 승객을 말한다.

추방자의 구체적인 범위는 다음과 같다.

- 입국 시 필요한 서류 미비자
- 정신적, 육체적 또는 도덕적 결함이나 범죄로 입국이 거절된 자

- 일단 정당하게 입국한 후 허락된 체류기간이 초과되었거나 체류국의 법률을 위반한 불법체류자

항공기가 출발할 때까지 출국사무소 직원이나 경찰이 항공기 입구까지 동행하며, 해당 승객의 여권 및 여행서류는 출발 편 사무장이 안전하게 보관하여 도착지 공항 직원에게 신병과 함께 인계하여야 한다. 추방자의 여권은 객실사무장이 보관하고 입국서류 작성도 승무원이 대신 해 주는 것이 규정이다.

객실승무원은 조금이라도 그들이 범죄자 또는 추방당하는 입장이라는 것에 대한 불편함을 내비쳐서는 안 된다. 마음을 위로하고, 그들에게 이상한 눈치를 주지 않도록 일반 승객들과 동등하게 친절한 서비스를 제공해야 한다.

8) 죄수 운송

국내 형법에 의거, 경찰 및 외교당국과 긴밀한 협조가 필요하며 주의사항은 다음과 같다.

- 적어도 2명의 호송관이 동반한다.
- 호송관은 전 여행을 통하여 죄수 감독 책임을 진다.
- 호송관의 무기는 비행 중에 기장에게 보관시킨다.
- 호송 대상자와 호송관은 기내 후미 좌석에 배정되어야 하며 Galley 근처, 비상구 옆 좌석 또는 통로 좌석이 배정되어서는 안 된다.
- 서비스 시 주의사항으로 식사 서비스 시 사용하는 스푼 세트를 주지 않고, 음식을 미리 잘라서 주는 경우도 있다.
- 호송 책임자와 호송 대상자에게 알코올성 음료가 제공되어서는 안 되며, 호송 대상자에게 철제 식기류나 칼 종류를 제공해서는 안 된다.

9) 환자, 병약자(Invalid Passenger)

여행이 불가능하다고 인정되거나 다른 승객에게 피해를 입히거나 또는 오염 가능성이 있는 경우 의사의 진단서가 필요하다. 비행 중 또는 비행 후 환자 승객에게 발생할 수 있는 문제에 대하여 항공사에게 책임을 부과하지 않고, 환자 또는 그 보호자가 책임을 질 것이라는 서약서를 탑승 전에 작성하여야 한다.

10) 취객, 약물 중독환자(Intoxicated Passenger)

다른 승객에게 영향을 미칠 정도로 특별 도움(special assistance)이 요구되는 경우, 다른 탑승객에게 재산상의 위험을 초래할 가능성을 내포하였거나 불안을 유발할 요인이 있는 경우는 운송을 거절할 수 있다.

비행 중 지나친 양의 술을 요구할 때 객실승무원은 규정에 맞는 범위 내에서 서비스를 하여야 하며, 계속해서 술을 요구할 때는 다른 승객에게 피해가 가지 않도록 거절할 수 있다.

11) 스트레처 환자(Stretcher Carriage)

해당 승객은 적어도 1명 이상의 의사나 간호사가 보호하에 비행 중 돌보는 조건으로 접수하며, 내과적인 환자가 아니고 외과적, 즉 신체외상과 부상으로 인한 경우 접수함을 원칙으로 한다. 스트레처 환자의 특징은 다음과 같다.

- 의사나 간호사가 아닌 가족 중 1인이 동반해도 무방하다. 단 항공사 소속의 의사나 간호사가 필요한 경우 출발시간 72시간 전에 요청해야 한다.
- 스트레처 환자의 항공요금은 6인의 일반석 요금을 적용하며, 앰뷸런스, 병원비 등 모든 비용은 승객이 부담한다.
- 이착륙 시를 대비해서 들것 침대가 좌석에 안전하게 고정되어 있나 점검하고, 환자를 눕힌 후 스트레처의 좌석벨트가 고정되어 있는지 확인한다.
- 환자의 신체적 조건에 따라 식음료 서비스를 조정하고, 비행 중 계속해서 환자의 건강상태를 확인한다.
- 목적지 도착 30분 전에 환자수송에 대한 준비 여부를 지상직원과 재확인한다.
- 탑승은 가장 먼저 하고, 하기할 때는 가장 나중에 하며 승무원과 관계직원의 협조를 얻어 최종 하기 시까지 적절한 도움을 줄 수 있도록 한다.

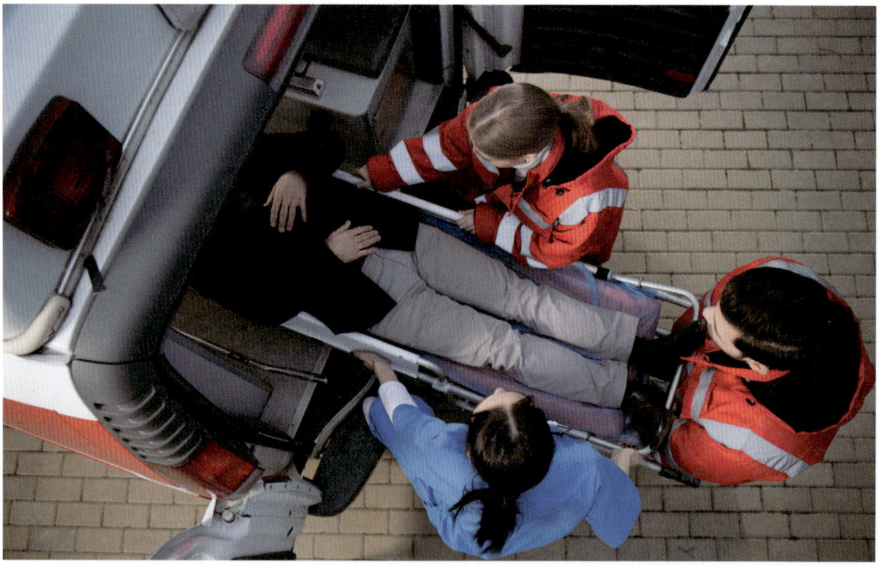

12) 한 가족 서비스(Family Care Service)

장거리 해외여행이 익숙하지 않은 고객이 더 편안하게 여행할 수 있도록 돕는 대한항공의 안내 서비스이다. 국제선 항공편을 이용하는 한국인 고객 중 출발지, 경유지 혹은 도착지 공항에서 도움을 사전 요청한 고객에게 추가 요금 없이 무료로 제공한다. (아시아나항공도 동일한 내용의 '패밀리 서비스'를 제공한다.)

(1) 대상 승객

- 7세 미만의 유/소아를 2명 이상 동반한 1인 고객
- 보호자 없이 여행하는 만 70세 이상 고객

(2) 서비스 내역

- 탑승수속 안내
- 출입국 서류 확인 및 작성 대행
- 좌석 배정
- 항공기 탑승 안내
- 유아용품 및 유/소아용 식사 제공

• 도착지에서 담당 직원 영접
• 마중 가족에게 도착 시간/만날 장소 안내

지역	서비스 제공 공항
미주	괌(GUM)을 제외한 모든 취항 도시
유럽	프랑크푸르트(FRA), 파리(CDG), 런던(LHR)
대양주	시드니(SYD), 오클랜드(AKL)

도표 5.1 | 한 가족 서비스 제공 공항(대한항공)

(3) 기내 서비스 요령

• 사무장은 한 가족 서비스* 대상 승객 탑승 시 SHR(Special Handling Request) 상의 명단과 대조 확인한다.
• 담당 승무원은 좌석 안내, 착석 및 수하물 정리 정돈을 도와주고 입국 서류 작성 및 연결 편 안내를 한다.
• 유/소아 탑승 시 유아용 식사(또는 소아용 식사)의 탑재를 확인하고 기내 서비스 시 무료제공품(giveaway) 등을 제공한다.
• 하기는 UM과 동일한 순서(PR/CL 승객 다음 순위)로 한다.
• 사무장은 도착 후 지상직원에게 한 가족 서비스 대상 승객 현황을 전달한다.

13) TWOV(Transit Without Of Visa)

비자가 있어야만 입국할 수 있는 국가를 체류가 아닌 단순 경유할 때 무비자로 통과하는 것을 의미하며, 지상직원으로부터 여권, 항공권, 입국카드를 인계받아 해당 편명 및 수량을 확인한다. 해당 서류를 안전한 위치에 보관하고 서류와 승객을 도착지 지상직원에게 인계한다.

---

* 한 가족 서비스는 공항 안내 직원과의 긴밀한 협업이 요구되는 특별 서비스이다. 항공기 출발 전 지상직원과 함께 탑승 수속 및 항공기 좌석을 배정받은 승객을 객실승무원이 기내에서 맞이하고, 항공기 도착 후에는 도착지 지상직원에게 직접 인계하는 협력이 반드시 요구되는 중요한 서비스이다.

14) 장애 고객

장애 고객을 서비스할 때는 기본적으로 "특별한 사람이 아니라 우리와 똑같은 사람이다."라고 인식하여 "장애인"이란 어휘를 고객 앞에서 사용하여서는 안 된다. 또한 고객이 요구하기 전 어떻게 도와드려야 하는지를 먼저 물어보아야 한다.

해당 고객을 서비스할 때 객실승무원의 주의사항은 다음과 같다.

- 제공 가능한 서비스 및 주위 시설물 이용법을 친절히 안내한다.
- 휠체어 승객과 대화 시에는 자세를 낮추어 눈높이를 맞춘다.
- 재촉하거나 서두르지 말고 고객이 편안한 마음을 갖도록 한다.
- 청각장애 고객과의 대화 시에는 메모용지를 활용한다.
- 기초적인 수화법을 익혀 대화하도록 노력한다.

(1) 휠체어 고객

걷거나 움직이는 데 보조장비가 필요한 고객으로, SHR(Special Handling Request) 명단에 WCHR로 표기된다. 휠체어를 포함한 이동 보조장비는 다른 수하물보다 우선하여 기내 코트룸 등에 보관하며, 보잉 777과 같이 장애인용 화장실이 있는 기종의 경우 보행이 불편한 승객이 이용할 수 있는 편의시설 등을 안내한다.

그러나 승객을 업거나 들어 옮기는 행동과 같이 승객이 요청하지 않은 지나친 도움은 오히려 승객을 불쾌하게 할 수 있으므로 행동에 유의한다.

휠체어 승객은 탑승 시 가장 먼저 탑승하지만 하기는 가장 나중에 해야 한다. 해당 승객에게는 객실승무원과 지상직원의 협조가 있음을 알리고 편안하게 대기하고 있을 수 있도록 한다. 특히 미국행 노선 항공기에는 기내용 휠체어(on-board wheelchair)가 반드시 탑재하도록 법률화되어 있다.

Fotos593/Shutterstock.com

휠체어 고객의 탑승은 가장 우선이며 하기는 가장 마지막에 한다.

휠체어 승객을 돕는 객실승무원의 업무는 다음과 같다.

- 좌석을 안내하고 도움이 필요한 경우 짐을 들어 준다.
- 어떻게 부축해 줄지를 물어본 뒤에 보행을 돕는다.
- 지팡이를 맡을 때는 손님의 의사를 물어본다.
- 의복 착용과 탈의를 돕는다.
- 수시로 불편한 점이 없는지 확인한다.
- 도착 전 조종석(cockpit)의 도움을 받아 항공국용 무전기(company radio)로 휠체어 대기를 요청한다.
- 하기 시 휠체어가 규격상 기내 통로를 통해 이동이 불가하고 승객의 거동이 불편하여 걸어서 이동이 불가한 경우, 출입구까지 승객을 부축하여 돕거나 기내용 휠체어를 이용한다.
- 도착 후 휠체어 이용 고객이 많아 즉시 도움이 불가할 때에는 기내에서 대기하도록 도움을 준다.

WCHR 승객 기내 서비스 시점별 응대 업무 절차

탑승 시

- 지상직원을 도와 좌석 안내 및 짐 보관 협조
- 담당승무원 소개, 고객에게 부축 방법을 물어본 후 보행 시 도움 제공
- 이착륙 시 좌석벨트 착용상태 점검

비행 중

- 기내용 휠체어(on-board wheelchair) 사용이 가능함을 안내
- 비행 중 수시로 살펴봄
- 착륙 후 승무원의 하기 안내까지 자리에서 대기 안내

하기 시

- 하기 안내 및 짐 Handling 도움, 지상직원에게 인계

(2) 청각장애 고객

승객에게 도움 제공 시 도움을 제공할 준비가 되어 있음을 먼저 알리고 도움이 필요한지 여부를 확인한다.

다음은 탑승부터 하기까지 객실승무원의 업무이다.

- 탑승 시 좌석을 안내하고 도움이 필요한 경우 짐을 들어 준다.
- 자기소개를 한다.
- 가급적 이름을 부른다.
- 말을 할 때는 아이 컨택트를 유지하고 발음을 확실하게 하되 과장되게 하지 않는다.
- 기내방송 내용은 글을 쓰거나 수화를 하여 알게 한다.
- 좌석 리클라이닝 방법, 팔걸이 사용법, 호출 버튼 위치 및 사용법 등 기내 설비를 설명한다.
- 좌석에서 가장 가까운 화장실 위치와 사용방법을 알려 준다.
- 청각장애인이 듣지 못한다 하여 함부로 대하거나 반말을 하지 않는다.
- 기내지를 활용하여 비행 정보를 안내한다.

- 수시로 불편한 점이 없는지 확인한다.
- 하기 안내를 한다.

청각장애 승객 기내 서비스 시점별 응대 업무 절차

탑승 시
- 환영인사, 좌석 안내 및 짐 보관 협조
- 담당승무원 소개(글로 표현), 기내 장비 및 설비 안내
- 좌석벨트 사용법 안내, 이착륙 시 착용상태 확인

비행 중
- 기내식 메뉴를 자세히 설명, 입국서류 작성 시 도움
- 각종 기내지를 활용하여 비행 정보 안내
- 기내방송 내용은 글과 수화로 안내, 수시로 불편한 점 확인

하기 시
- 하기 안내 및 도움

(3) 시각장애 고객

승객에게 도움 제공 시 우선 도움을 제공할 준비가 되어 있음을 알리고, 도움이 필요한지 여부를 반드시 확인한다.

다음은 탑승부터 하기까지 객실승무원의 업무이다.

- 오른편에서 왼손으로 붙잡아 주고 반 보 앞에서 걸어간다.
- 지팡이를 갖고 있을 때는 지팡이 반대쪽에서 부축한다.
- 통상 시각장애인은 흰 지팡이를 사용한다.
- 의자 등받이, 팔걸이를 만지게 해 주고 위치와 방향을 알려 준다.
- 좌석 리클라이닝 방법, 팔걸이 사용법, 호출 버튼 위치 및 사용법, 트레이 테이블 사용법, 화장실 안내 및 내부시설 사용법 등 기내 설비를 설명한다.
- 서비스 용품 제공 시 설명을 하고 손으로 만져 보도록 한다.
- 맹인 인도견(seeing eyedog)을 동반할 경우 기내에 싣되, 단, 주인 발 옆에 가까이 있어야 하고, 줄이 단단히 매어져 있어야 하며, 음료수를 제외하고는 아무것도 먹이지 않는 조건이다.

- 동반자가 없는 시각장애 승객으로 걷기나 취식을 타인의 도움 없이 할 수 없는 경우는 Indemnity 2부를 작성한다.
- 동반자가 있는 경우는 정상 승객으로 간주한다.
- 기내식의 내용물은 "몇 시 방향"으로 설명하고 주 메뉴(entree)는 잘라 준다.

시각장애 승객 기내 서비스 시점별 응대 업무 절차

탑승 시

- 승무원의 뒤에서 시각장애인이 팔을 잡고 걷도록 하여 좌석 안내 및 짐 보관 협조 (소지품 보관 장소 안내)
- 자기 소개, 기내 장비 및 설비, 좌석벨트 사용법 안내
- 이착륙 시 좌석벨트 착용상태 점검, Demo 후 개별 브리핑 실시

비행 중

- 서비스 Item 제공 시 설명하고, 손으로 만져 보도록 함
- Tray 위의 내용물은 "몇 시 방향"이라고 설명
- 입국서류 작성 도움, 수시로 불편한 점은 없는지 확인

하기 시

- 하기 안내 및 지상직원 인계(비동반 시각장애인 승객인 경우)

(4) 미국 DOT 항공부문 「장애인 차별 금지법」

2009년부터 미국 교통부(DOT)에서는 항공부문 「장애인 차별 금지법」을 미국령을 비행하는 모든 항공사에 적용하였다. 만일 이를 위반할 경우 건당 벌칙금이 발생하므로, 미주 노선을 운항하는 객실승무원은 장애 고객 탑승에 대비하여 장애 고객 차별 금지법 규정을 반드시 숙지해야 한다.

미국 DOT 항공부문 「장애인 차별 금지법」 개요

대상 승객

- 육체적 또는 정신적 결함을 가진 자로서, 일상생활을 영위하는 데 영구적 혹은 일시적으로 행동에 제한을 가진 자
- 해당 장애에 대한 기록을 가지고 있거나 그러한 장애를 가진 것으로 간주되는 자

적용 범위

- 미국적 항공편 및 외국적 항공사 미 출도착 편
- 미국적 항공사 참여 Code Share 항공편

기본 요건

- 국적에 관계없이 적용 대상 편을 이용하는 승객을 대상으로 함
- 승객이 스스로 장애인임을 밝히는 경우에만 적용됨
- 승객에게 장애인임을 증명할 수 있는 서류를 요구하는 것이 불가함

기내 제공 가능 서비스

- 좌석 간 이동
- 음식물 포장 개봉, 음식에 대한 안내 등 취식 준비
- 기내용 휠체어 이용 승객의 화장실 이동
- 보행 불편 승객의 화장실 이동
- 승객 요청 시 휴대품 보관 및 지급
- 기상, 기내 서비스, 지연, 연결편 Gate 등 시각 및 청각장애 승객과의 효율적 의사소통

기내 제공 불가 서비스

- 직접적인 취식, 음료 섭취 지원
- 화장실 및 좌석 용변 처리
- 의료 서비스 제공

미국령 「장애인 차별 금지법」 객실서비스 절차별 지침

탑승 전

- 안전운항에 직접적 위협을 주지 않는 한 의학적 소견서를 요구하거나 탑승을 거절할 수 없다.

탑승 시

- 요청하지 않은 사항을 자의적으로 판단해 제공하지 않는다.
- 도움을 주지만 업거나 들어 옮기지 않는다.

이륙 전

- 안전 관련 내용 개별 Briefing을 실시한다.

비행 중

- 관심을 갖고 응대하지만, 과도한 관심은 지양한다.

하기 시

- 장애인 승객 이동 보조장비 및 수하물 반환을 돕는다.

항·공·상·식

항공기와 번개

번개는 항공기 운항에 위협적인 존재이나 자주 발생하는 현상이다. 미국의 상용 항공기는 1년에 1회 이상의 번개를 맞는 것으로 보고되고 있다. 항공기는 방전시스템(static discharger)을 갖추고 있는데, 이는 번개를 맞아 생기는 강한 전류가 비행체 표면으로 흘러 날개 끝에서 공중으로 흩어지도록 한다.

WORK SHEET

1. 실제 항공 여행 중 주변에서 보거나 체험한 특수고객 응대에 관한 객실승무원의 업무에 대해 조원들과 서로 이야기 나누어 보세요.

03

고객만족 서비스

CHAPTER 06 서비스마인드 함양하기

CHAPTER 07 이미지 메이킹하기

CHAPTER 08 불만 승객 대처하기

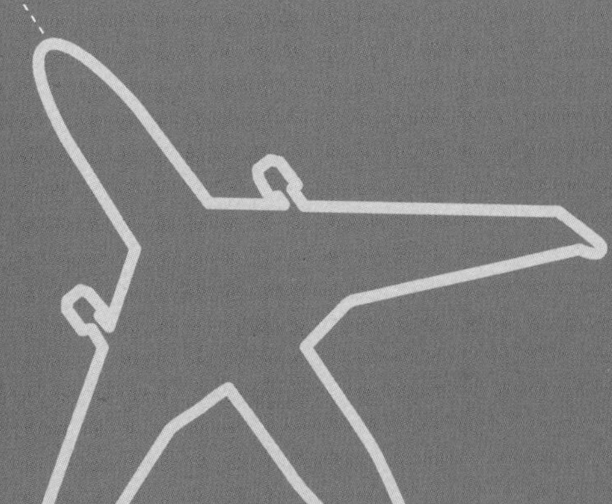

PART 03 한눈에 보기

PART 3 고객만족 서비스

- **Chapter 06 서비스마인드 함양하기**
  - 1. 서비스마인드
- **Chapter 07 이미지 메이킹하기**
  - 1. 이미지 메이킹
    - 1) 이미지 메이킹의 개념
    - 2) 객실승무원의 이미지 메이킹
- **Chapter 08 불만 승객 대처하기**
  - 1. 항공객실서비스 실패와 회복
    - 1) 서비스 실패와 회복의 관계
    - 2) 고객 불만 서비스 실패 사례
    - 3) 고객서비스 회복 사례
  - 5. 불만 상황별 응대
    - 1) 승객이 큰 소리로 말할 때
    - 2) 승객이 따지고 들거나 불평할 때
    - 3) 승객이 무리한 요구를 할 때
    - 4) 모르는 것을 물어 왔을 때
    - 5) 거절해야 할 때
    - 6) 대화가 길어질 때

2. 진실의 순간 MOT

1) MOT의 유래
2) MOT의 중요성
3) MOT의 법칙
4) MOT 구성의 3요소
5) MOT 사이클 차트 및 분석
6) 항공객실서비스 MOT

3. 객실서비스 커뮤니케이션

1) 커뮤니케이션의 이해
2) 커뮤니케이션의 종류
3) 효과적인 커뮤니케이션

4. 글로벌 문화의 이해

1) 미국
2) 일본
3) 중국
4) 유럽
5) 한국
6) 중동

2. 객실승무원의 용모와 복장

1) 유니폼 착용예절
2) 객실승무원의 메이크업과 머리모양

3. 객실승무원의 표정과 자세

1) 표정
2) 서비스 자세
3) 서비스 기물 사용 자세

4. 객실서비스 매너

1) 인사 예절
2) 대화 예절

2. 고객 불만

1) 고객 불만
2) 고객 불만 관리
3) 고객 불만 대응 단계: LAST 법칙
4) 고객 불만 해소를 위한 다섯 가지 원칙
5) 고객 불만 대응 요령

3. 원활한 대인관계

1) 설득
2) 경청
3 고객만족 서비스 대화법

4. 고객 성향별 불만 응대 요령

1) 성급한 고객
2) 까다로운 고객
3) 거만 과시형 고객
4) 명랑 쾌활한 고객
5) 온순 과묵형 고객
6) 호기심 많은 고객
7) 유아 동반 고객

6. 객실서비스 절차별 불만 대응

1) 이륙 전 서비스
2) 비행 중 서비스
3) 착륙 후 서비스

NCS 능력단위: 고객만족 서비스

분류번호	1203010513_16v1
능력단위 명칭	고객만족 서비스
능력단위 정의	고객만족 서비스란 객실승무원으로서 서비스마인드, 이미지 메이킹, 불만고객응대를 원활히 수행하기 위한 능력이다.

능력단위 요소	수행준거
1203010513_16v1.1 서비스마인드 함양하기	1.1 객실 서비스 규정에 따라 고객만족 서비스를 위한 서비스마인드를 함양할 수 있다. 1.2 객실 서비스 규정에 따라 고객만족 서비스를 위한 원활한 소통을 할 수 있다. 1.3 객실 서비스 규정에 따라 고객만족 서비스를 위한 다양한 문화적 특성을 파악할 수 있다. **지식** • 객실 서비스 규정(안내) • 글로벌 매너 **기술** • 소통 능력 • 다양한 문화적 차이에 대한 인식 능력 • 음성 표현 기술 **태도** • 성실한 태도 • 겸손한 마음가짐 • 친절한 태도
1203010513_16v1.2 이미지 메이킹하기	2.1 객실 서비스 규정에 따라 필요한 용모 복장을 단정히 할 수 있다. 2.2 객실 서비스 규정에 따라 필요한 호감 주는 표정을 관리할 수 있다. 2.3 객실 서비스 규정에 따라 필요한 호감 주는 음성을 표현할 수 있다. 2.4 객실 서비스 규정에 따라 상황별 기본 매너를 지킬 수 있다. **지식** • 객실 서비스 규정(안내) • 글로벌 매너 **기술** • 세련된 용모 복장과 매너 연출 • 호감을 주는 표정관리 및 음성 연출 **태도** • 성실한 태도 • 철저한 자기관리
1203010513_16v1.3 불만고객 대처하기	3.1 객실 서비스 규정에 따라 고객 행동유형을 파악할 수 있다. 3.2 객실 서비스 규정에 따라 불만고객을 유형별로 대응할 수 있다. 3.3 객실 서비스 규정에 따라 불만고객에 대한 대처결과를 보고할 수 있다. **지식** • 객실 서비스 규정(안내) • 고객심리와 행동유형의 이해 • 불만고객 유형의 파악과 응대 **기술** • 대인관계 기술 • 정확한 상황 판단력 **태도** • 성실한 태도 • 친절한 태도

CHAPTER 06

서비스마인드 함양하기

Olga Visavi/Shutterstock.com

1. 서비스마인드

"서비스마인드(service mind)"란 포괄적인 의미에서 서비스의식을 고취시켜 고객만족의 중요성을 인식하고 고객에게 서비스를 제공하는 마음가짐이라 할 수 있다. 서비스에 관한 철학과 정의를 정립하여 진정성을 가지고 서비스제공자가 고객을 응대할 때 고객만족도가 향상된다. 고객에게 서비스를 제공하는 과정에서 서비스제공자의 표정과 태도 등은 서비스마인드의 중요한 요인으로 작용한다.

국소적인 의미에서 서비스마인드란 고객과 서비스제공자를 동시에 충족시킬 수 있는 "커뮤니케이션"이라고 볼 수 있다. 다시 말해 서비스제공자는 상황과 고객의 다양성에 따라 태도와 대응방법을 조금씩 변화시킬 줄 아는 능동적인 자세가 필요하다. 세상의 모든 사람이 다 똑같지 않듯이 사람을 상대하는 자세가 일률적일 수 없다. 당연히 그에 따른 여러 가지 다양한 대책이 필요하기 마련이다. 일어날 수 있는 다양한 사태에 대해 적합한 대안을 준비하고 상황에 맞게 그 대안들을 적용시켜 나갈 수 있는 능동적인 태도가 바로 서비스마인드인 것이다.

그렇다면 항공객실승무원에게 있어 서비스마인드의 어떤 점이 중요할까?

고객에게 서비스를 제공하는 과정에서 객실승무원의 역할은 고객과 항공사를 연결해 주는 매개체이자 항공사를 평가하는 중요한 판단 기준이 된다. 그러므로 항공객실 서비스마인드는 고객지향적이어야 하고, 객실승무원의 책임감과 주인의식이 뒷받침되어야 하며, 객실승무원의 행동이 항공사의 이미지를 대표한다는 점을 잊지 말아야 한다.

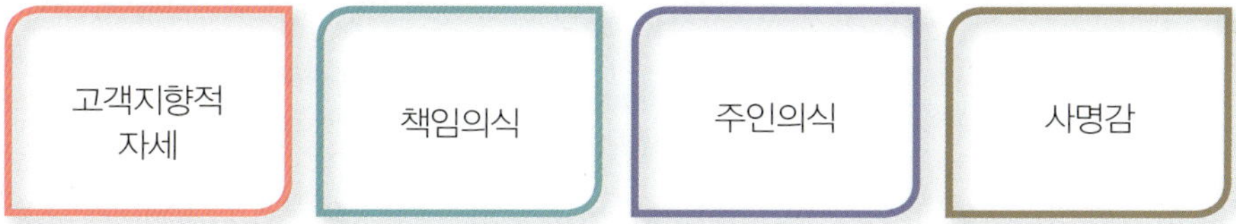

도표 6.1 | 항공객실승무원에게 필요한 서비스마인드

예를 들어, 항공여행 중 객실서비스에 대해 불만이나 요구사항이 있는 고객을 만나게 되었을 때, 객실승무원의 배려와 진심 어린 응대는 고객만족도에 영향을 미친다. 긍정적으로 고객의 상황과 요구사항을 이해하고 존중해 주려는 노력을 보이고, 이 일이 다른 사람의 일이 아닌 나의 일 혹은 내 친구나 가족의 일이라고 생각하면서 주인의식을 보이는 것이 중요하다. 그러므로 고객을 바람직한 시선으로 마주하고 성심을 아끼지 않고 최선을 다하려는 태도가 바로 서비스마인드의 기본이다.

독일 출신의 칼 알브레히트는 경영 컨설턴트로서, 미래학자, 강연가, 인정받는 작가 등 다방면으로 활동하고 있는 경영학자이다. 그는 경영현장의 생생한 경험과 미래 전망에 대한 아이디어를 통해 서비스에 대한 고객의 관점에서 비롯된 "기업을 버릴 수 있는 7가지 이유"인 서비스 칠거지악을 다음과 같이 주장하였다.

① **무관심**: 나와는 상관없다는 식의 태도를 말한다. 바쁜 업무 시간이나 지친 오후에 이와 같은 행동이 많이 발생한다. 고객의 요청에도 자신의 일만 하며 상관없다는 태도를 보이면 곤란하다.

② **무시**: 마치 먼지를 털어내듯 고객의 요구나 문제를 못 본 척하고 고객을 피하는 행동을 말한다. 고객을 얕보거나, 행색이 초라하면 무시하는 행위, 마감시간에 근접하여 요청하는 고객을 무시하고 종료에만 집중하는 행동으로서, 고객의 입장에서 배려하는 모습이 필요하다.

③ **생색**: 고객을 위해 해야 할 일을 마치 내가 인심을 쓰며 해 주는 듯한 태도를 말한다. 고객의 입장에서 겸손한 태도가 요구된다.

④ **냉담**: 고객의 실수나 과도한 요구에 냉담하게 대하는 태도를 말한다. 이러한 태도는 객실승무원에게 유리한 상황이 되었을 때 많이 발생하며, 고객에게 퉁명스러움, 친근하지 못함, 조급함, 우월감을 표시하게 되므로 따뜻한 대응과 친절한 태도가 요구된다.

⑤ **규정핑계**: 고객만족보다는 조직내부규정을 앞세워 예외를 인정할 수 없거나 상식이 통하지 않는 경우를 말한다. 고객의 의견을 경청하고 회사의 입장과 고객의 입장 사이에서 공감하며 대응방안을 찾아보아야 한다.

⑥ **로봇화**: 직원의 기계적인 응대로 따뜻함이나 인간미를 전혀 느낄 수 없는 태도를 말한다. "안녕하세요. 어서 오세요."와 같은 반복적인 인사말, 매너리즘에 빠진 표정과 태도는 곤란하므로 진정성 있는 태도와 고객 응대가 요구된다.

⑦ **회피**: "죄송합니다만 ○○○ 승무원에게 다시 요청하세요. 이 일은 제 담당이 아닙니다."라는 식으로 고객을 뺑뺑이 돌리는 행동을 말한다. 고객의 불만과 애로사항을 적극적으로 대처하지 않고 회피하면 곤란하므로 언제나 환영받고 싶은 고객의 심리를 이해하고 호의를 베풀도록 한다.

2. 진실의 순간 MOT

1) MOT의 유래

©Getty Images Bank

MOT는 투우경기에서 유래되었다.

"MOT(The Moment Of Truth)"란 스페인의 투우 용어에서 유래한 말로서 "투우사가 소의 급소를 찌르는 결정적 순간"을 의미한다. 투우사가 소의 급소를 찌르는 마지막 순간은 관중의 흥분과 기대감이 절정에 다다르는 순간이다. 만약 이 결정적 순간에 투우사가 실수한다면 관중은 실망감에 싸여 비난과 야유를 퍼붓겠지만 반대로 투우사가 성공한다면 관중의 환호와 사랑을 얻게 된다. MOT란 투우사에게 "피하려 해도 피할 수 없는 순간" 또는 "실패가 허용되지 않는 매우 중요한 순간"이 되는 것이다.

기업의 입장도 투우사의 입장과 다르지 않다. 기업과 고객이 만나는 모든 접점에서 고객은 서비스를 포함한 상품 구성의 모든 요소를 지각하고 판단하게 된다. 이렇듯 기업이 고객과 만나는 이 순간(MOT)마다 고객을 만족하게 하지 못한다면 성공할 수가 없다는 것을 의미한다.

B.Forenius/Shutterstock.com

SAS 항공기

스칸디나비아항공은 스웨덴, 덴마크, 노르웨이 3개국의 민간과 정부가 공동으로 소유하고 있는 항공사이다. 1970년대 말 석유파동으로 인해 세계 항공업계는 큰 시련을 맞이하였다. 17년간 연속해서 흑자를 기록하였던 스칸디나비아항공에서도 1979년과 1980년 사이의 2년 동안에 3,000만 달러의 적자가 누적되었다.

Who is Jan Carlson(얀 칼슨)?

만성적자에 빠져 있는 스칸디나비아항공사를 최고의 항공사로 성장시킨 신화적 인물. 현장에서 고객접점의 직원과 고객이 처음 만나는 "15초" 동안의 태도가 고객의 머릿속에 평생 함께하며, 결정적 순간 15초가 기업과 개인의 운명을 결정한다는 MOT를 깨달은 그는 직원들과 함께 MOT를 실천에 옮겨 항공사의 성장을 이끌었다.

이러한 위기 속에서 39세의 젊은 나이에 사장으로 취임한 얀 칼슨은 MOT라는 새로운 개념을 도입하여 위기에 빠진 회사를 구하고 서비스 품질경영의 전설적 신화를 창조하였다. 고객이 직원들과 접하는 처음 15초 동안의 짧은 순간이 회사의 이미지, 나아가 사업의 성공을 좌우한다고 강조한 얀 칼슨 사장은 1년 만에 적자를 흑자로 바꾸었다. 뿐만 아니라 스칸디나비아항공은 1983년도 "올해의 최우수 항공사"로, 1986년에는 "고객서비스 최우수 항공사"로 선정되었다.

스칸디나비아항공이 단숨에 위기를 극복하고 최우수 항공사로 도약한 비결은 바로 마주치는 5,000만 번의 결정적 순간, 즉 "진실의 순간 MOT"였다. 오늘날 서비스 품질경영의 기본적 용어 중 하나인 MOT는 얀 칼슨이 1987년에 쓴 『Moments of Truth』란 책이 발간되고 나서 급속히 확산되었다.

그는 MOT의 개념을 소개하기 위해 불결한 트레이를 예로 들었다. 만약 고객이 자신의 음식 트레이가 지저분한 것을 발견하게 된다면, 그들은 그 순간에 탑승하고 있는 비행기가 불결하다고 느낀다는 것이다. 그는 고객이 비행기를 탔을 때 이용하는 모든 환경이 깨끗해야 자신들의 항공사에 대한 이미지가 좋아질 것이라고 판단하여 모든 사소한 것들까지 청결하게 유지할 수 있도록 세세한 노력을 기울였다. 그 결과 적자에 허덕이던 회사가 1년 만에 흑자로 전환되었다.

©Getty Images Bank

얀 칼슨은 "청결한 서비스는 항공사의 이미지와 직결된다"고 하였다.

이처럼 MOT는 서비스 제공자가 고객에게 서비스의 질을 보여 줄 수 있는 극히 짧은 시간이지만, 기업에 대한 고객의 인상을 좌우하는 극히 중요한 순간이다.

2) MOT의 중요성

MOT의 정의에 대해 다음과 같이 두 가지로 나누어 살펴보도록 한다.

협의의 개념은 고객과 서비스제공자 사이의 양방 간, 직접적인(face to face) 상호작용이 발생하는 순간으로, 고객과 서비스제공자는 서로 특정 역할을 가지게 된다. 그리고 광의의 개념은 일정 기간 직접적으로 고객이 서비스와 상호작용하는 것이며, 서비스제공자, 물리적 설비, 다른 가시적 요소들을 포함한 고객이 인지하게 되는 모든 대상과 접촉하는 것을 말한다.

서비스제공자와 고객과의 상호관계로서 서비스 접점을 이해하던 기존 개념을 확장하여 최근에는 서비스 기업의 모든 면이 고객과 접점을 형성하게 된다는 것을 의미하고 있다.

서비스의 성공적인 제공은 서비스제공자와 소비자가 서로 대면(접촉)하는 순간에 결정되므로, 서비스 접점은 서비스 차별화, 품질통제, 전달시스템, 고객만족에 영향을 미치게 된다. 일반적으로 고객만족은 서비스제공자와의 접점의 품질에 의해 결정되는 것이 MOT의 중요성이라고 할 수 있다.

3) MOT의 법칙

- **곱셈의 법칙**: 고객이 최상의 서비스를 경험했다 하더라도 한 번이라도 불만족한다면 결국 서비스와 기업에 대한 이미지는 좋지 않아진다는 의미법칙이며 10번의 접점 중 9번을 잘해도 1번 잘못하면 서비스는 0이 된다는 것이다. 서비스의 전체 만족도는 합이 아니라 곱에 의해 결정되므로 10×0=0이라는 법칙이다.
- **통나무 물통의 법칙**: 어느 한 조각이 깨지면 그 높이만큼만 물이 찬다는 법칙으로서, 고객은 가장 나빴던 서비스를 유독 잘 기억하고 평가한다는 의미이다.
- **100−1=0의 법칙**: 깨진 유리창의 법칙이라고도 하며, 사소해 보이는 것 하나가 중요한 결과를 초래한다는 의미이다.

4) MOT 구성의 3요소

- **하드웨어**: 품질, 성능, 분위기, 시설, 편리성
- **소프트웨어**: 운영 시스템, 업무 처리 프로세스
- **휴먼웨어**: 태도, 표정, 언어, 억양, 자세

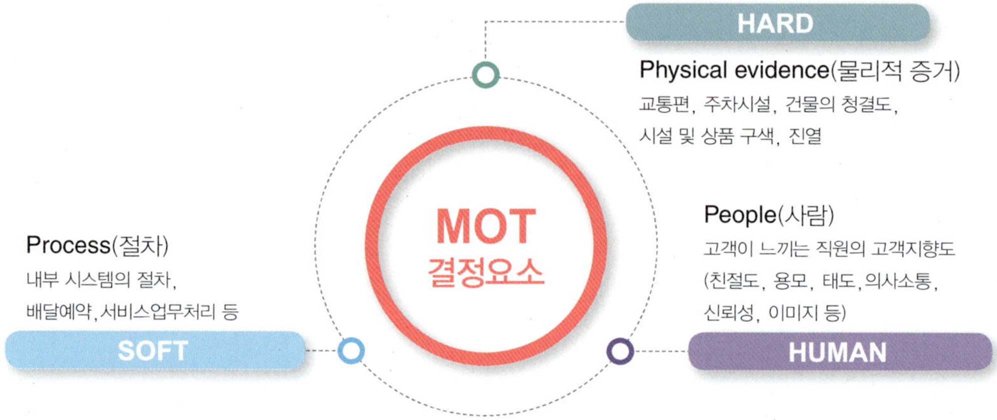

도표 6.2 | MOT 구성의 3요소

5) MOT 사이클 차트 및 분석

서비스 프로세스에 나타나는 일련의 MOT들을 보여 주는 시계모양 도표를 서비스 사이클 차트라고 하며, 고객은 서비스 과정에서 경험하는 일련의 순간을 가지고 전체의 품질을 평가한다. MOT 사이클의 고려사항은 다음과 같이 고객의 관점에서 관리되어야 한다.

일반적으로 고객은 들어오는 순간부터 문밖을 나설 때까지 최상의 서비스를 기대하게 된다. 경쟁력, 상품력, 서비스 만족도, 전문지식과 기술 등이 뛰어나고, 편리한 최신식 시설을 갖추었다고 하더라도 만일 고객접점 서비스 수준이 낮거나 형편없다면 고객은 해당 서비스를 우수하다고 결코 인정하지 않는다.

다음의 예시를 통해 고객만족 서비스를 위한 MOT 사이클의 구체적인 대화법, 자세 및 서비스 표준안을 알아보도록 하자.

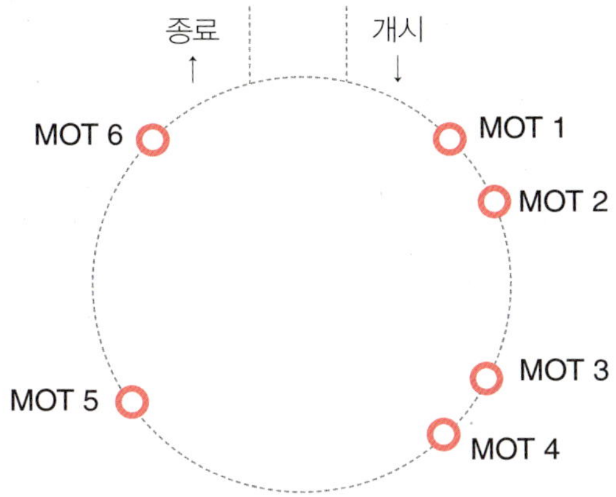

도표 6.3 | MOT 사이클 차트

- MOT 진단하기
- MOT 설계하기
- 고객 접점 사이클 세분화하기
- 나의 고객 접점 시나리오 만들기
- 일반적인 표준안에서 구체적인 서비스 표준안으로 행동하기

6) 항공객실서비스 MOT

항공객실서비스에서 고객과의 접점에 해당되는 순간을 위에서 배운 MOT 진단과 설계를 이용하여 MOT 사이클 차트를 그리고, 구체적인 대화법, 서비스 자세 등을 적용하여 보자.

MOT 1 고객 탑승 및 환영인사

공항 대합실에서 탑승을 위해 게이트 앞에서 대기한 후 항공기에 탑승한다.

MOT 2 이륙 전 업무

항공기에 탑승하여 승무원들의 좌석 안내와 도움을 받는다.

MOT 3 비행 중 서비스

기내에서 식음료 서비스를 받고, 기내설비(엔터테인먼트, 화장실)를 이용한다.

MOT 4 착륙 전 업무

안전하게 착륙할 수 있도록 도움을 받는다.

MOT 5 고객 하기 인사

항공기 하기를 위한 승무원의 안내를 받는다.

MOT 6 고객 하기 후 업무

유실물 및 지상직원의 도움이 필요한 경우 도움을 받는다.

MOT 차트를 그려 보세요.

인천국제공항의 MOT 성공 사례

인천국제공항은 전 세계 1,700여 개 공항이 참가하는 세계공항서비스평가(ASQ)에서 연속해서 세계 1위를 달성한 세계 최고의 공항이다. 전 세계에서 가장 빠른 출입국 수속과 환승 편리성, 고객 중심의 높은 서비스 운영 시스템과 높은 경영 실적 등으로 세계 공항 운영의 "표본"이라는 평가를 받는다. 인천국제공항이 여행객과 만나는 "A to Z(시작과 끝)" 모든 과정에서 혁신의 서비스를 제공하는 것으로 유명하고, 세계적인 명성으로 "이미지 접점상의 MOT"를 확실하게 구축하고 있는 비결은 무엇일까?

인천국제공항 개항 초기에 시설 면에서는 최고 수준의 평가를 받았지만 체크인 절차의 비효율성과 긴 대기 시간, 환승고객의 불편과 직원들의 서비스 친절도 등 운영과 서비스 면에서는 중하위권의 평가를 받았다. 그러나 세계 최초로 도입한 "출입국 고객 예고제"의 실시로 공항의 모든 인력과 시스템을 효율적으로 배치하는 획기적 개선 이후 빠르고 편리한 출입국 수속이 가능하게 되면서 여행객들이 상업시설에 머무르는 시간이 늘어났고, 그로 인해 고객 1인당 면세점 매출 1위까지 달성하는 효과가 발생하였다. 현재는 세계에서 출입국 수속 시간이 가장 빠른 공항, 680만 명이 넘는 환승고객이 이용하는 최고의 허브 공항이라는 호칭을 얻게 되었다. 또한 서비스의 사소한 부분도 놓치지 않고 개선하기 위하여 수많은 협력업체들과 유기적인 서비스 협업 시스템을 구축하였고, 직원 대상의 CS(고객만족)교육과 인재 육성 문화를 강화하였다. 또한 다양한 문화체험의 기회를 제공하여 문화와 예술이 넘쳐나는 "컬처포트(culture port)"로서 사랑받고 있다. 공항의 기본 기능에 가장 충실하면서도 본원적인 서비스의 확실한 차별화를 제공한 것을 세계가 인정했고, 그 결과, 인천국제공항은 국제공항협의회(ACI)가 주관하는 세계공항서비스평가(ASQ)에서 12년 연속 1위를 달성하였다. 그리고 세계적 수준의 공항 운영 노하우를 바탕으로, 고객의 다양한 니즈와 높아진 기대수준에 맞는 서비스 가치를 제공한 노력을 인정받아 전 세계 공항 중 최초로 4단계 인증을 획득하게 되었다.

Tanjala Gica/Shutterstock.com

3. 객실서비스 커뮤니케이션

1) 커뮤니케이션의 이해

우리는 일상생활에서 누군가와 대화를 나눌 때 계속 대화를 이어 가고 싶은 사람이 있는가 하면, 지루하거나 불편하여 대화를 지속하기 어려운 사람이 종종 있다.

서비스 접점에서 고객서비스를 하는 객실승무원으로서 좋은 서비스를 통해 고객의 만족도를 높이기 위해서는 서비스 업무의 능력도 중요하지만 대인관계 능력이 무엇보다도 중요하다. 대인관계를 잘할 수 있는 여러 방법으로는 서로 신뢰감을 쌓거나, 상대방을 진실하게 대하거나, 상대를 배려하는 것 등이 있다. 특히 팀을 이루어 비행 근무를 하는 항공객실서비스 업무의 특성상 직장 선후배 관계, 고객관계가 객실승무원에게 매우 중요하다고 할 수 있다. 따라서 다양한 대인관계 속에서 자신의 호감도를 높일 수 있는 커뮤니케이션을 통한 소통 능력을 갖추는 것이야말로 객실승무원의 중요한 자질이라고 할 수 있다.

다시 정리하여 볼 때, 커뮤니케이션(communication)이란 언어, 몸짓, 화상 등의 물질적 기호를 매개수단으로 정신적 · 심미적인 전달교류의 과정으로서, 우리가 관련을 맺고 있는 사람 혹은 세상을 통해 메시지를 보내고 받고 해석하는 것을 의미한다.

대화는 잘 전달하는 것과 잘 듣는 것을 모두 포함한다.

커뮤니케이션의 정의

- 다른 사람에게 의미를 전달하는 과정
- 두 사람 사이의 사실이나 감정, 태도, 신념, 생각 등을 전달하는 과정
- 메시지를 주고받는 과정
- 언어적 또는 비언어적 방법을 통해 서로의 의사와 감정을 전달하고 반응을 주고받는 과정

효과적인 커뮤니케이션은 인간관계를 성공적으로 이끌어 가는 기본적인 수단이 되는 동시에 개인의 이미지 전달에 있어서 종합적으로 작용한다. 그리고 개인의 인성과 대인관계 형성에 큰 영향을 미치기도 한다.

커뮤니케이션의 중요성

- 인간관계의 성패를 좌우함
- 원만한 인간관계를 형성하고 유지하기 위한 기본 수단
- 지속적인 노력이 필요

2) 커뮤니케이션의 종류

언어적 표현	비언어적 표현
효과적인 언어 표현이 이루어지기 위해서는 다음을 주의한다. • 객관적이고 명확한 언어를 사용한다. • 외형적 선입관을 형성하여 대화하지 않는다. • 상대방이 이해하지 못하는 전문용어의 사용을 자제한다. • 언어적 표현의 방법으로는 대화, 지시, 명령, 회의, 편지, 보고서, 메모, 이메일 등을 들 수 있다.	우리는 대화를 할 때 목소리와 언어만을 사용한다고 생각하지만 언어 표현의 제한으로 인해 감정 전달을 충분히 할 수 없을 경우, 음성적인 것 외에도 표정, 몸의 동작으로 의미를 전달할 수 있다. 신체의 동작을 통한 표현 방법은 다음과 같다. • 눈: 눈 맞춤, 초점, 공감 • 몸: 표정, 자세, 몸짓 • 입: 어조, 말씨, 목소리, 속도 • 마음: 경청하는 자세, 신뢰, 진심

3) 효과적인 커뮤니케이션

고객서비스뿐만 아니라 같은 업무를 하는 동료들 사이에서도 상대방에게 호감을 주는 커뮤니케이션 능력은 객실승무원에게 매우 중요한 자질이므로 호감 가는 다섯 가지 커뮤니케이션 스킬에 대해 알아보자.

> **표정과 목소리 톤을 밝게 하자.**
>
> "안녕하십니까, 좋은 아침입니다!"

탑승 인사 서비스는 긴 항공 여행을 위해 고객과 대면하는 첫인상을 심어주는 매우 중요한 시점이다.

어두운 표정으로 고객과 인사나 대화를 하는 것을 지양하고 담당 승무원으로서 고객과의 친밀함을 유지하며 먼저 밝고 적극적인 자세로 대화를 이어 가야 한다. 또한 비행 업무를 위한 동료와의 첫 만남인 객실브리핑에서도 운항승무원, 객실승무원 모두에게 밝고 적극적인 인사를 하는 것이야말로 호감 가는 커뮤니케이션의 시작이라고 할 수 있다.

> **발음은 정확하게, 전달하고자 하는 메시지는 명료하게 말하자.**
>
> "사무장님께서 지시하신 기내면세품은 식사서비스 후 해당 손님께 전해 드리겠습니다."

업무에서 작고 자신감 없는 목소리로 대화나 보고내용을 전달하게 되면 신뢰감이 떨어지므로 업무능력이 부족하다고 오해를 받을 수가 있다. 따라서 말하고자 하는 내용은 사전에 간략하게 정리하는 연습이 필요하다. 동료와 업무상 대화를 하거나 고객의 요청에 응대하는 대화를 할 때는 추상적으로 말하기보다 구체적으로 말해야 전달 효과를 더욱 극대화시킬 수 있다.

긍정적인 화법을 사용하자.

"요청하신 신문은 모두 소진되었으나 찾아보는 동안 대신 다른 신문을 먼저 제공해 드리겠습니다."

고객서비스를 하다 보면 없는 것을 찾는 경우가 종종 발생한다. 부정적인 상황이나 설명을 해야 할 때 긍정적인 단어를 사용하는 화법이 긍정화법이다. 없다고 단호하게 표현하기보다 대체할 수 있는 서비스를 청유형으로 제안하는 것이야말로 고객에게 신뢰감과 긍정적인 마인드를 보여 줄 수 있는 표현 방법이다.

명령형이 아닌 의뢰형으로 말하자.

"작성하신 기내면세품 사전주문서를 다시 한 번 확인해 주시기를 부탁드립니다."

비행 업무에서 동료나 선후배와 업무 협조를 위한 대화를 할 때 나도 모르게 명령하는 말투로 대화를 이어 가는 경우가 종종 있다. "~ 부탁합니다.", "~ 가능하십니까?", "~ 괜찮으십니까?" 등 상대방을 배려하는 나만의 쿠션 언어를 어두나 어미로 사용하는 것도 효과적인 대화 방법이다.

공손하게 말하자.

"실례하지만, 도움을 주시면 감사하겠습니다."

말을 잘하는 것과 예의 바르게 말하는 것의 차이는 무엇일까?

최근의 트렌드가 직설화법이어서인지 상대방의 감정을 고려하지 않고 이야기하는 경우가 있다. 직설화법은 자칫하면 남에게 상처를 줄 수 있고 예의 없어 보일 수도 있다. 객실승무원으로서 직장생활에서는 상사와 후배를 막론하고 공손하면서도 명료하게 이야기하는 습관이 필요하다.

4. 글로벌 문화의 이해

객실 승무원이 국제 문화를 이해해야 하는 이유에 대해 생각해 보자.

항공사가 취항하는 각 노선별로 기내의 분위기가 다르게 나타나므로 다양한 민족과 문화에 대한 이해가 없다면 간혹 승무원이 당황하는 경우도 생긴다. 그러므로 수많은 국가와 도시를 운항하면서 다양한 국적, 종교, 사회문화적 배경을 가진 고객을 만나 최접점에서 서비스하는 객실서비스 업무의 특성상 탑승 고객들의 성향과 요구사항을 잘 이해해야 할 필요가 있다. 이는 곧 고객만족 서비스의 기본이 되므로 객실승무원은 국제 문화의 이해를 통해 글로벌 마인드를 함양하여 다른 문화의 고객 특성을 사전에 파악하고 이를 바탕으로 고객 감동 서비스를 제공하여야 한다.

예를 들어, 거리가 가까운 한일노선의 경우 짧은 비행시간으로 인해 객실승무원이 급하게 서두르며 고객의 식사를 회수하여 불만이 발생하는 경우가 종종 있다. 이는 다른 나라 문화의 이해가 부족하여 고객 불편이 발생한 매우 빈번한 고객 불만 사례이다.

그러므로 각 국가별 고객의 특징을 이해하고 그에 따른 객실서비스의 대응방안에 대해 살펴보도록 하자.

1) 미국

① 철저한 시간과 약속

주문을 잊고 서비스하지 못하는 일을 주의해야 하고 즉시 해결 못할 경우를 대비하여 메모 패드를 적극적으로 활용해야 한다.

② 신뢰감 구축

고객의 요구를 즉시 해결해 주지 못할 경우에는 예상 소요 시간을 미리 알려 양해를 구하고 서비스를 제공한다.

③ 침묵보다는 친근함

미국인은 대부분 침묵하는 상황에서 불편함을 느낀다. 보통 해외여행 중 우리와는 다르게 엘리베이터 안에서 모르는 사람과도 눈이 마주치면 간단한 인사를 나누는 경우를 종종 경험할 수 있다. 친근한 고객 응대를 위해 날씨 등 일상적인 주제로 대화를 이끌어 나가며 어색함을 깨는 대화(Ice Breaking)를 하는 적극적인 자세가 필요하다.

④ 사적인 공간

개인 공간이 침해받는 것을 싫어하는 미국인들과 대화를 나눌 때는 적절한 거리를 유지하는 것이 매우 중요하다. 보통 21인치(약 53센티미터) 정도가 가장 편안함을 느끼는 거리라고 하므로, 서비스를 제공할 때는 고객이 부담스럽지 않게 적정거리를 유지할 필요가 있다.

⑤ 노약자, 여성 우선

약자와 여성을 우선시하는 모습은 미국인에게 일상생활이자 매너이므로 서비스를 제공할 때 창가 측 손님이 우선이더라도 노약자나 여성 고객이 옆 좌석에 탑승했을 경우 이러한 문화적 요소를 고려하여 우선적으로 서비스하는 것이 필요하다.

⑥ 적극적인 의사 표현

미국인들은 자신의 요구와 권리를 즉각적으로 표현하는 경향이 있으므로 잘못된 일에 대해서 고객 불만 제언을 빈번히 하는 편이다. 안전 규정 및 규정 준수에 관심이 많고, 문제가 발생했을 때에는 신속한 회복의 노력이 필수적이므로 객실승무원은 서비스할 때 모든 고객에게 공평한 서비스를 제공하도록 노력해야 한다. 또한 기내에서 문제가 발생하면 승무원에게 적극적으로 협조를 하는 고객도 미국인이 대체로 많은 편이다.

친근함의 표현이 자칫 정중하지 않게 비춰질 수 있으므로 주의한다.

⑦ 제스처

미국인들은 종종 우정 표현을 하기 위해 다른 사람의 어깨에 손을 얹거나, 유머를 표현할 때 슬쩍 치는 행동을 보이지만 우습게 보는 것으로 해석해서는 안 된다. 형식이나 격식에 구애받지 않는 성향이지만 고객 간의 오해가 생길 여지가 있으므로 이러한 문화적 차이에 대한 이해가 필요하다.

2) 일본

① 온화함

일본인들은 드러내고 화를 내거나 지적하지 않는 편이다. 그러므로 서비스할 때 조금 더 섬세한 관찰과 응대가 필요하다. 원칙이나 절차상 문제가 있었다고 생각될 때에는 정중하게 물어보고 문제에 대한 적절한 대처가 필요하다.

② 예의중시

예로부터 유교문화가 발달하여 예를 매우 중요시하므로 서비스할 때 혹은 사과를 할 때 항상 정중한 태도를 보여야 한다. 예를 들어, 식사 서비스 시 메뉴 선택이 불가한 경우나 요구한 서비스를 해 주지 못하는 경우가 발생하면 진심 어린 사과를 해야 하며, 고객의 불편을 진심으로 이해한다는 태도와 함께 요청사항을 대체할 수 있는 서비스에 대해 의향을 묻는 것이 필요하다.

③ 철저한 시간관념

시간에 대한 개념을 무척 중요하게 생각하는 편이다. 서비스에 소요되는 시간에 대한 설명이 필요하고 또는 지연이나 도착 변경과 같은 시간에 관련된 정보를 전달할 때에는 조금 더 신경 써서 신뢰를 잃지 않도록 하는 것이 중요하다.

④ 친절함

상대방에게 폐 끼치는 것을 싫어하며, 타인에 대한 배려와 존중하는 모습을 보여 주는 것을 중요시한다.

좋은 선물에는 좋은 답례를, 좋은 말에는 좋은 말을 주고받는 것을 선호하며, 친절함이 익숙한 일본인들에게 서비스로 호의적인 평가를 받으려면 우리가 생각하는 것보다 조금 더 웃고, 조금 더 상냥하게 서비스해야 한다.

불편사항이 발생하면 지속적으로 다가가 응대하고 좋은 인상을 주는 세심함이 필요하다. 왜냐하면 주목받는 것을 부담스러워하므로 담당 승무원이 요청사항이나 문제를 해결해 줄 때까지 기다리는 경향이 있다. 실수로 제때 응대하지 못한 경우 사과에 대해 "괜찮다"고 한 후 종종 하기 후 불만을 제기하기도 한다.

⑤ 차와 담요를 선호

여성의 경우 온도에 상관없이 기내 담요를 즐겨 찾으며, 일반적으로는 녹차, 우롱차 등 차 마시기를 좋아한다.

3) 중국

① 대화 시 큰 목소리

유쾌한 성향 때문에 종종 기내에서 가장 목소리가 큰 여행객으로 눈에 띄는 편이다. 또한 게임을 통해 친목을 다지는 등 단체적인 모습을 주로 보이므로 주변 고객의 쾌적한 여행을 위해 수시로 객실순회를 하며 적절한 객실 분위기를 조성할 필요가 있다.

② 차 문화

차는 중국인의 일상생활에서 빠질 수 없는 기호음료이다. 보온병을 휴대하며 여행하는 모습은 매우 익숙하다.

중국 사람들이 차를 마시는 습관을 가지게 된 것은 물에 석회성분이 많아 수질이 좋지 않기 때문이라고도 하지만, 기름기가 많은 식생활 습관이나 문화적 전통과 더욱 관련이 있다고 한다. 뜨거운 차를 즐겨 마시는 중국인들에게 평소보다 더욱 신경을 써서 리필서비스를 해 주고, 뜨거운 물이 식지 않도록 준비해 나가는 것도 중요하다.

차를 즐기는 중국의 문화를 이해한다.

③ 만만디(漫漫地: 천천히)

"당신은 신속하게 나는 만만디 하게."는 매우 유명한 중국인의 성향이다. 중국인은 일을 할 때 언제나 여유 있게 하며 서두르는 법이 없다. 일을 조급하게 빨리 하려 하면 결국에는 손해를 본다는 생각이 깔려 있다는 뜻이므로 서비스할 때 서두르지 않고 응대하도록 한다.

4) 유럽

① 먹는 것도 하나의 문화

유럽 국적의 고객들은 식사할 때 와인과 주류를 함께 즐기는 것을 선호한다. 음식 및 주류에 대한 조예가 깊고, 까다로운 취향을 가진 고객이 많으므로 식음료 지식을 잘 숙지할 필요가 있다. 객실승무원은 더 나은 서비스를 제공하기 위해 유럽 노선을 비행할 때에는 와인과 차에 대한 식음료 지식을 충분히 이해하고 고객 응대를 해야 한다. 하지만 간혹 기내에서 술 취한 고객으로 인해 주변 승객들에게 불편을 초래하는 경우가 종종 발생한다. 알코올 음료를 제공할 때에는 규정에 맞는 제한적인 서비스가 필요하므로 고객 안전을 위해 항공사 규정을 준수해야 한다.

©Getty Images Bank

서양식에서 테이블 매너는 문화이자 예절이다.

② 여행 선호

일반적으로 여행을 선호하여 관광객이 많으므로 객실승무원의 경험을 통한 현지 정보를 주는 것도 좋은 서비스이다.

5) 한국

① "빨리빨리" 문화

국적기의 탑승고객은 한국인 고객이 주류를 이루고, 대부분의 고객은 성격이 급한 편이다. 그러나 한국인의 특성상 친근한 응대를 기대하므로 문제가 발생하기도 한다. 신속하게 요구사항을 해결하지 못할 때에는 구체적인 설명과 사전 정보를 제공함으로써 이해를 구하고 서비스하는 것이 필요하다.

② 개인주의 성향

항공 여행 에티켓에 익숙지 않은 경우가 종종 있으므로 다른 고객의 쾌적한 여행을 방해하는 경우가 있다. 이러한 경우 주변 고객을 고려하여 도움을 주거나 공손히 협조를 부탁하는 것이 올바른 응대방법이다.

③ 높은 서비스 기대치

인터넷의 최강 국가에 맞춰 불만이 발생하면 신속히 고객 제언을 통해 회사로 불편사항을 통보한다. 경우에 따라 기내 서비스 중에는 요구사항을 표현하지 않고 마음에 품어 두는 경향이 있으므로 세심한 고객 응대가 필요하다. 기대 및 보상심리가 강한 편이다. 자국기를 이용한다는 것에 대해 약간의 우월감을 가질 수도 있으며 상대적으로 고가인 항공료에 상응하는 서비스를 원한다.

6) 중동

① 제한된 종교식

기본적으로 대다수가 이슬람교도이므로 종교상의 이유로 돼지고기를 먹지 않으며, 소, 닭, 양, 염소의 고기라도 할랄(halal) 푸드가 아닐 경우 금지사항이 된다. 식사나 스낵 서비스 제공 시에 불가한 음식을 제공하지 않도록 유의하며 재료의 정보를 알려 주고 술 또한 권하지 않도록 신경써야 한다.

② 자존심과 명예 중시

종교적인 언행을 주의하고 다른 종교에 대한 언급과 관심은 자제하는 것이 좋다. 관습적으로 왼손은 불결한 것에만 사용하고 깨끗한 일은 오른손으로 하는 경향이 있어 기내식이나 음료를 서비스할 때 오른손으로 건네는 것이 예의이고, 악수를 할 때도 두 손보다는 오른손만 내미는 것이 바람직하다. 최근에는 반미 정서를 보이는 경향이 있으므로 AVOD 영화와 음악을 추천하는 경우 주의할 필요가 있다.

할랄(halal) 상징 마크

항·공·상·식

스칸디나비아항공사의 성공 비결, "유로클래스"

1980년 당시 스칸디나비아항공의 문제점 중 하나는 퍼스트클래스뿐 아니라 이코노미클래스까지도 할인요금으로 탑승하는 고객들이 너무 많다는 것이었다. 유럽의 다른 항공사들은 이코노미클래스의 정상요금에 얼마간 요금을 추가하여 비즈니스클래스를 운영하고 있었다. 비즈니스 여행객들이 이코노미클래스의 정상요금만 지불하더라도 재무적 상황이 상당히 호전된다는 것을 알게 되었다. 그래서 스칸디나비아항공은 유럽노선에서 퍼스트클래스를 없애 버리고(당시 퍼스트클래스는 항공사 간부들이 주로 이용하던 세계에서 가장 값비싼 식당 정도의 역할밖에 하지 못했다), 이코노미클래스의 정상요금으로 훨씬 나은 서비스를 제공하는 "유로클래스(EuroClass)"를 신설하였다.

유로클래스의 차별화된 특징으로는 이동식 칸막이를 이용하여 다른 클래스와 구분하였다는 점이다. 공항 터미널에 전화와 텔렉스 서비스 시설을 갖춘 쾌적한 전용 대합실을 마련하였다. 또한 별도의 탑승수속 창구, 보다 안락한 의자, 보다 나은 식사를 제공하였다. 서비스에서도 일반 관광 여행객들의 탑승수속에는 10분이 소요되었지만 유로클래스 고객은 6분으로 단축되었다. 비즈니스 여행객들이 비행기에 가장 늦게 타고, 가장 빨리 내릴 수 있도록 배려하였다. 일반 고객들보다 기내식을 먼저 들 수 있도록 하고, 술과 신문 및 잡지를 무료로 제공하였다. 성과는 단기간에 나타났다. 유로클래스 도입 첫해에 2,500만 달러, 이듬해에 4,000만 달러의 수익증가를 목표로 하였지만, 세계 항공시장의 극심한 불황 속에서도 첫해에 8,000만 달러의 수익이 증가하였다. 그리고 1983년 8월 《포춘(Fortune)》지가 선정한 비즈니스 여행객들을 위한 최고의 항공사로 스칸디나비아항공이 선정되었으며, 같은 해에 《항공운항세계(Air Transport World)》지에서도 올해의 최우수 항공사로 선정되는 영예를 안았다.

EQRoy/Shutterstock.com

WORK SHEET

1. MOT 사이클 차트를 항공객실서비스 중심으로 작성해 보세요.

MOT	언어	동작	포인트
고객 탑승 및 환영인사			
이륙 전 업무			
비행 중 서비스			
착륙 전 업무			
고객 하기 인사			
고객 하기 후 업무			

CHAPTER 07

이미지 메이킹하기

Olga Visavi/Shutterstock.com

1. 이미지 메이킹

1) 이미지 메이킹의 개념

이미지 메이킹이란 사전적으로는 이미지 만들기, 이미지 향상시키기, 이미지 바꾸기 등의 의미를 가지고 있다. 조금 더 세부적으로 말하면, 개인이 가지고 있는 내적 요소와 외적 요소를 함께 통합하여 자신이 표현하고자 하는 모습으로서, 이미지 메이킹은 총체적인 연출이 필요하므로 가장 이상적이고 호의적인 이미지로 부각시키기 위한 자신의 노력이라고 할 수 있다.

특히 이미지 메이킹은 대인관계와 밀접한 관련이 있으므로, 객실승무원이 고객 및 동료와 바람직한 인간관계를 맺는 데 있어 이미지 메이킹을 통한 자기관리는 매우 중요하다.

2) 객실승무원의 이미지 메이킹

객실승무원의 이미지 메이킹이란 회사를 대표하는 마음가짐으로서, 자신의 긍정적인 이미지를 고객에게 명확하게 각인시키는 것이라고 할 수 있다. 객실승무원에게는 항공사 서비스에 대한 고객의 기대를 충족시키기 위한 개인의 노력이 지속적으로 요구된다.

특히 항공객실승무원은 항공사의 이미지를 대표하는 가장 핵심적인 인적 자원으로서, 한 사람의 이미지가 항공사의 브랜드가 될 수 있음을 기억해야 한다. 따라서 세련되고 단정한 외적인 이미지를 연출하기 위해 올바른 유니폼 착용 예절을 갖춰야 하며, 친절한 서비스의 진심 어린 마음이 느껴질 수 있도록 내적인 이미지를 갖춰 고객의 기대에 부응하기 위해 노력해야 한다.

고객은 객실승무원의 이미지에 대하여 깨끗함, 단정함, 친절함, 화사함, 우아함, 세련됨, 전문적인 항공사 대표 이미지를 기대한다. 이를 실현하기 위한 외적 및 내적 방법 및 구성요소는 아래 표와 같다.

외적 이미지 메이킹	내적 이미지 메이킹
• 자신의 체형이나 외모를 객관적으로 판단 • 자신의 신체적 결함을 보완 • 긍정적이고 매력적인 자신의 장점을 부각 • 끊임없는 자신의 이미지 메이킹 노력	• 긍정적인 마인드 • 올바른 내면의 이미지를 만들기 • 장점은 계발하여 부각 • 단점은 그 원인을 분석하고 보완하려는 노력이 필요

항공객실승무원으로서 이미지 메이킹의 출발은 긍정적인 마인드와 자기관리이며, 이것이 고객만족의 기초가 된다.

2. 객실승무원의 용모와 복장

객실승무원과 고객의 만남은 개인과 개인의 만남이 아니라 회사와 개인과의 만남이므로 대단히 중요한 의미를 가지고 있다. 규정에 맞는 단정한 용모와 복장은 항공사의 이미지 향상에 매우 큰 영향을 미치며, 밝고 단정한 객실승무원의 친절하고 세련된 고객서비스는 항공사를 찾는 고객에게 좋은 인상을 심어 주게 된다.

객실승무원의 유니폼이 나타내는 의미는 다음과 같다.

- 항공사 대표 이미지 전달도구
- 개인의 직업에 대한 긍지와 명예의 상징
- 기내 환경을 조성하는 요소 중 하나

다음은 객실승무원의 단정한 용모복장을 위한 유의사항에 대해 알아보자.

1) 유니폼 착용예절

- 항상 청결하고 단정한 착용상태를 유지한다.
- 업무의 시작부터 종료 시까지 완전한 상태로 착용한다.
- 유니폼의 디자인과 형태를 임의로 변형시키지 않는다.
- 착용 시 규정된 부착물 외에 개인적인 부착물은 일절 착용하지 않는다.
- 지급품 가방과 소지품에 다른 국가나 다른 항공사를 나타내는 태그나 스티커 등을 부착하지 않는다.
- 청결 유지를 위해 자주 세탁한다.
- 다림질 상태에 유의한다.

단정한 유니폼 착용은 회사의 이미지와 연관된다.

① 재킷

- 다림질 상태를 확인한다.
- 단추를 잠가서 입는다.
- 부착물을 정확히 착용한다.
- 비행 시 회사 규정에 맞는 착탈 시점에 유의한다.

② 명찰(Name Badge)

- 지정된 위치에 부착한다.
- 회사에서 지급한 명찰만 착용한다.

③ 스커트

- 길이는 무릎 선에 유지한다.
- 길이가 긴 경우 수선을 하며, 허릿단을 접어서 입지 않도록 한다.

④ 스타킹

- 반드시 착용한다.
- 지정 색상을 착용한다.
- 항상 여분의 스타킹을 지참한다.

⑤ 신발

- 잘 닦아 깨끗이 유지한다.
- 종류별로 탈착 시점에 유의한다.

2) 객실승무원의 메이크업과 머리모양

(1) 메이크업

객실승무원의 메이크업(make-up)은 유니폼, 기내 환경, 얼굴형과 조화를 이룰 수 있도록 너무 화려하거나 어둡지 않게 한다.

객실승무원의 메이크업은 다음과 같아야 한다.

- 밝고 건강한 메이크업
- 유니폼에 어울리는 메이크업
- 상대방에게 부드러운 인상을 줄 수 있는 자연스러운 메이크업

세련된 메이크업보다 단정한 메이크업이 유니폼에는 더 잘 어울린다.

(2) 머리모양

객실승무원의 머리모양(hair-do)은 항상 청결하고 단정해야 하고, 유니폼 및 얼굴형과 조화를 이루어야 한다. 아울러 객실승무원의 근무 특성상 장시간 비행에도 규정된 헤어스타일이 유지되어야 하며 짧은 시간에도 손질이 가능하여야 한다. 여승무원의 머리모양은 숏커트, 단발머리, 긴 머리가 허용된다. 최근 국내에는, 일정한 머리모양의 편중을 막기 위해 다양한 헤어스타일을 선호하는 항공사가 많은 추세이며, 대체로 자연스럽고, 본인에게 잘 어울리는 머리모양을 유니폼에 맞게 유지하기도 한다.

① 숏커트형

- 길이는 어깨선보다 짧게 유지한다.
- 앞머리가 눈을 가리지 않도록 한다.
- 헤어스프레이, 헤어젤, 무스를 과하게 사용하지 않는다.
- 지나치게 유행을 따르는 스타일은 삼간다.

② 단발머리형

- 길이는 어깨선보다 짧게 유지한다.
- 옆머리는 흘러내리지 않아야 하며 스프레이나 젤 등으로 고정시킨다.
- 언밸런스형은 허용되지 않으므로 주의한다.

③ 긴 머리

- 반드시 묶거나 땋아서 고정시키고 길이는 유니폼 뒤쪽 칼라 아래 10센티미터를 넘지 않도록 한다.
- 목 뒷부분에 잔머리가 남지 않도록 고정시켜 흘러내리지 않도록 한다.
- 고정시킬 때는 다운스타일로 한다.

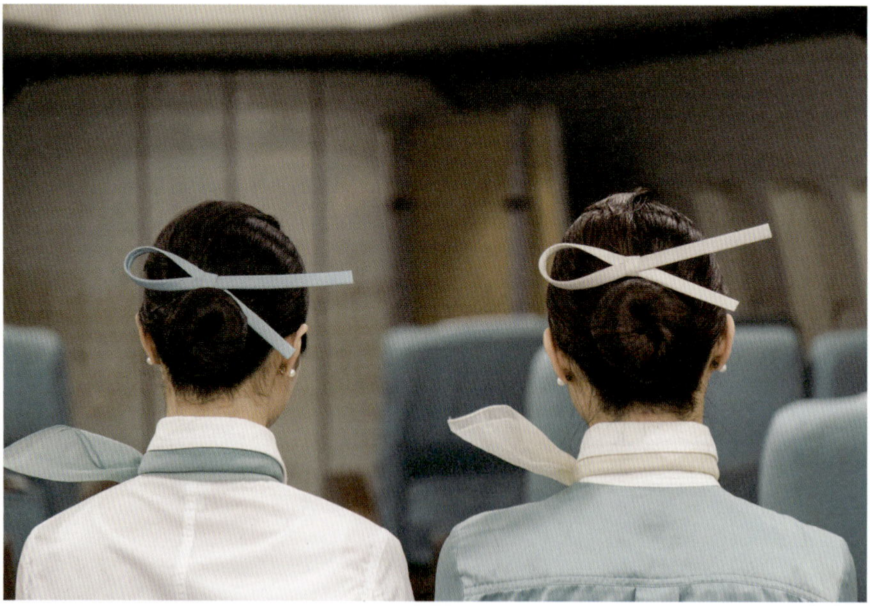

대한항공 객실승무원의 헤어스타일

3. 객실승무원의 표정과 자세

1) 표정

사람을 처음 대할 때, 인상을 가지고 성격을 짐작해 보는 일이 많다. 특히 표정은 상대방에게 호감을 주느냐, 못 주느냐의 중요한 요소가 된다. 얼굴표정은 상황에 어울리는 것이어야 하며, 가볍고 자연스럽게 그리고 진심이 나타나도록 해야 한다. 반대로 항상 얼굴표정이 굳어 있고, 딱딱해 보이고 무섭게 보이면 접근하기가 쉽지 않아 인간관계를 그르치기가 쉽다. 객실승무원의 아름다운 미소야말로 객실서비스의 최고인 친절함의 상징으로서 서비스의 질적 향상에 큰 몫을 차지한다.

객실승무원이 고객과 마주할 때 유의해야 할 표정과 자세는 다음과 같다.

- 시선은 항상 안정되어야 한다.
- 눈의 시선은 정직하고 다정하며 부드럽게 보내는 것이 상대방에게 좋은 인상을 심어 준다.
- 상급자와 이야기를 할 때는 상대방의 눈을 뚫어지게 쳐다보고 이야기하기보다 미간 사이와 코 정도의 위치를 보면서 대화를 나누는 것이 좋다.
- 얼굴은 웃는데 눈은 싸늘한 사람이 있다. 이런 사람은 웃는 시늉을 하고 있는 것이다. 또한 눈을 너무 깜빡거리고, 상대방을 아래위로 훑어보고, 곁눈질하며, 옆을 힐끗힐끗 쳐다보는 것은 안정감이 없어 보이고, 미덥지 못한 인상을 주게 된다.
- 밝은 미소는 상대방의 마음을 활짝 열게 하며, 자기 자신에 대한 신뢰를 두텁게 하는 역할을 한다. 그러므로 평소 미소 짓는 연습을 통해 밝고 환한 미소를 짓도록 한다. 입은 "이"의 입모양을 하며 입술을 자연스럽게 다물고 입꼬리를 약간 올리고 눈에 웃음을 지어 본다.
- 이야기를 할 때는 입을 정확하게 움직이면서 발음한다.
- 입을 크게 벌리거나 혀를 날름거리는 것은 삼간다.

2) 서비스 자세

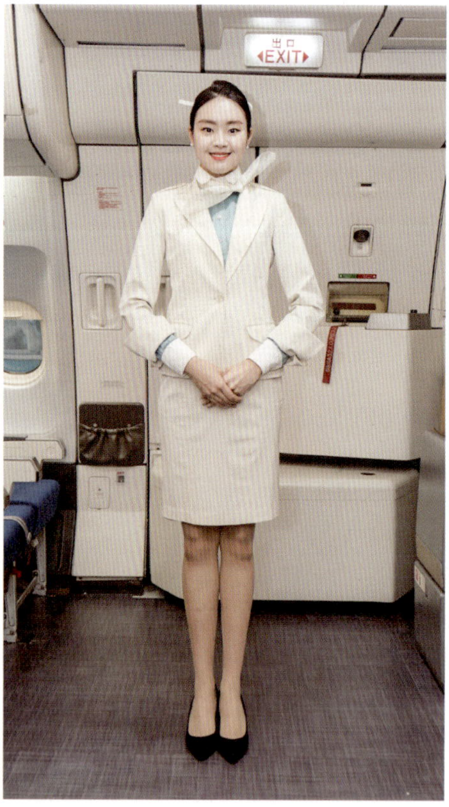

① 선 자세

- 시선은 정면을 응시한다.
- 턱은 당겨 바닥과 수평이 되게 한다.
- 허리는 곧게 편다.
- 아랫배에 힘을 준다.
- 힙은 약간 들어 올린다.
- 머리와 어깨는 치우치지 않게 한다.
- 무게중심은 엄지발가락에 둔다.

② 걷는 자세

- 등은 곧게 세우고 어깨는 수평을 유지하면서 걷는다.
- 턱은 적당히 당기고 시선은 자연스럽게 앞을 보며 걷는다.
- 걸을 때 머리와 윗몸을 흔들거나 주머니에 손을 넣고 다니지 않는다.

- 발은 걷는 방향이 직선이 되도록 일직선상으로 떼어놓는다.
- 사방을 두리번거리거나 고개를 푹 숙이고 걷는 것은 좋지 않으며, 고개가 옆으로 갸우뚱한 것도 좋지 않다.
- 걸을 때 신을 끌지 않고 발바닥 전체가 닿는 기분으로 걸어 발자국 소리가 나지 않도록 한다.
- 남의 앞을 지날 경우 반드시 "실례합니다.", "미안합니다."라고 양해를 구한다.
- 남의 몸을 스치지 않도록 한다. 잘못해서 스쳤을 경우에는 "죄송합니다."라고 말하는 것이 교양 있는 행동이다.

③ 승무원 좌석에 앉는 자세

- 점프시트(jump seat)를 향해 반 보 앞에 선 다음 몸을 약간 구부려 한 손으로 좌석을 편다.
- 여승무원의 경우 다른 한 손으로는 스커트 앞부분을 누르듯이 하여 앉는다.
- 다리를 꼬거나 벌리고 앉지 않는다.
- 무릎을 흔들지 않는다.
- 팔짱을 끼고 있지 않는다.

④ 승무원 좌석에서 일어서는 자세

- 한 번에 일어선 후 두 발을 모은다.
- 한 손으로 점프시트를 붙잡아 조용히 원위치대로 포개어 놓는다.
- 어깨와 등을 펴고 시선은 정면을 향한다.

⑤ 계단을 오르내리는 자세

- 상체를 곧게 펴고 몸의 방향을 비스듬히 한다.
- 올라갈 때의 시선은 15도 정도 위를 향하여 걷는다.
- 내려올 때의 시선은 15도 정도 아래를 향하여 걷는다.
- 올라갈 때는 남자가 먼저, 내려올 때는 여자가 먼저 내려간다.

⑥ 눈높이자세

- 고객의 1열 앞이나 고객의 팔걸이 옆쪽에서 낮은 자세로 응대한다.
- 양 무릎 중 응대하는 고객 쪽 무릎을 바닥에 닿도록 하여 상체가 흔들리지 않도록 안정된 자세를 취한다.
- 일상적인 자세는 아니지만, 고객과 장시간 대화를 나누거나, 개별적인 고객 응대 시, 고객에게 사과할 때 등 필요한 경우에만 취한다.

⑦ 방향 지시 자세

- 손가락을 모으고 손바닥 전체를 펴서 가리킨다.
- 손을 펴는 각도로 거리감을 표현한다.
- 시선은 상대의 시선과 맞추고 지시하는 방향을 바라보며 확인한다.
- 우측을 가리킬 경우는 오른손, 좌측을 가리킬 경우는 왼손을 사용한다.
- 사람을 가리킬 경우는 두 손을 사용한다.
- 뒤쪽에 있는 방향을 지시할 때는 몸의 방향도 같이 돌리며 안내한다.
- 한 손가락으로 지시하거나, 고갯짓으로 지시하거나, 상대방을 보지 않고 지시한다면 매우 무례해 보이므로 주의한다.

⑧ 주문 받을 시 자세

- 고객의 정면 45도 각도로 고객 앞 정면을 바라본다.
- 15도 목례로 인사를 나누고 요청사항을 경청한다.
- 고객과 눈 맞춤하며 미소 짓는다.

⑨ 객실서비스용품 제공 시 자세

- 항상 밝은 표정과 명랑한 태도를 유지한다.
- 서비스 도중 함부로 머리를 쓰다듬거나 코를 만지지 않는다.
- 창가 손님부터 서비스하고 여성, 노약자, 어린이에게 우선적으로 서비스한다.
- 왼쪽 손님에게는 왼손으로, 오른쪽 손님에게는 오른손으로 서비스한다.
- 손님의 정면을 보고 바른 자세로 대화하며 서비스한다.
- 좌석 등받이에 손이나 몸이 닿지 않도록 유의한다.

⑩ 객실서비스 회수 시 자세

- 통로 측 고객부터 회수한다.
- 창가 고객이 사용한 컵은 옆 고객의 양해를 구한 후 회수한다.

- 특히 컵을 회수하여 트레이에 놓을 경우 몸에 가까운 쪽부터 놓는다.
- 회수용 트레이 위치는 항상 통로 측으로 유지한다.
- 손님의 머리 위로 회수하지 않는다.
- 반드시 대화를 하면서 회수한다.

3) 서비스 기물 사용 자세

① 트레이

- 서비스용품이 미끄러지지 않도록 트레이 매트를 깐다.
- 트레이의 가장 긴 부분이 기내(cabin) 통로와 평행하도록 한다.
- 엄지손가락은 트레이의 가장 긴 부분을, 나머지 손가락은 아랫부분을 받쳐 잡는다.
- 트레이는 통로 쪽에 위치하고 고객의 팔걸이 높이에서 낮은 자세로 제공한다.

② 컵

- 엄지, 둘째, 셋째 손가락으로 밑부분을 잡고 넷째, 다섯째 손가락으로 컵의 밑바닥을 받친다.
- 로고가 고객의 정면에 오도록 내려놓는다.

4. 객실서비스 매너

1) 인사 예절

① 올바른 인사의 기본동작

- 1단계: 눈을 맞추고 등과 목을 펴고 배를 끌어당기며 허리부터 숙인다.
- 2단계: 머리, 등, 허리선이 일직선이 되도록 숙인 상태에서 잠시 멈춘다.
- 3단계: 굽힐 때의 속도보다 천천히 상체를 들어 올린다.
- 4단계: 똑바로 선 후 상대방과 눈을 맞춘다.

② 인사의 종류

- 목례(15도): 친한 사람과 인사 시 또는 좁은 장소에서 행하는 인사
- 보통례(30도): 가장 일반적인 환영과 환송의 인사
- 정중례(45도): 사과, 감사를 표현하는 정중한 인사

15도 인사	30도 인사	45도 인사
		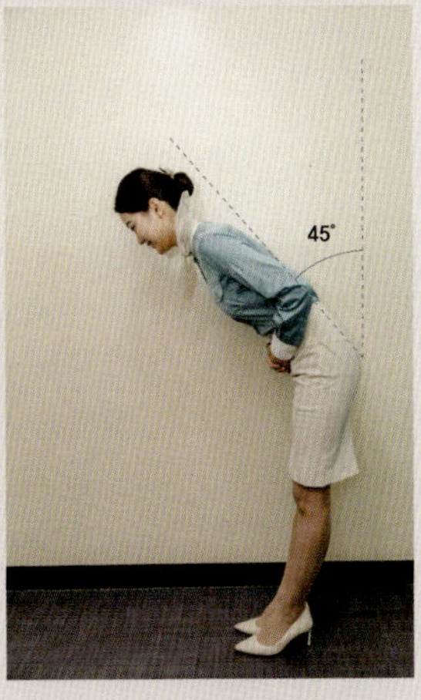
"실례합니다." "무엇을 도와드릴까요?" "부르셨습니까?" "잘 알겠습니다."	"안녕하십니까?" "어서 오십시오." "안녕히 가십시오."	"감사합니다." "죄송합니다."

도표 7.1 | 객실승무원이 가장 많이 사용하는 인사말

2) 대화 예절

예절의 실제는 마음속에 있고 그 마음을 상대방에게 인식시키는 첫 번째 방법이 말을 이용한 대화이다. 고객과 대화를 할 때에는 전달하려는 의사를 고객에게 정확히 이해시킴은 물론 그 과정을 통해 친절함과 공손함이 동시에 전달되어야 한다. 또한 고객과의 대화가 길어지거나 사과할 일이 있을 때, 또는 노약자, 어린이 등과의 대화 시에는 고객이 편안한 마음으로 대화에 임할 수 있도록 가능한 상체를 낮추어 고객과 눈높이를 같이하는 것이 좋다.

(1) 기본 대화 예절

① 말을 하는 예절

- 대화 상대에 따라 말씨를 달리한다.
- 감정을 평온하게 하고 표정은 부드럽게 짓는다.
- 자세를 바르게 한다.
- 상대방에 맞는 화제를 고른다.
- 조용한 어조, 명확한 발음, 적당한 속도로 말한다.
- 듣는 사람의 반응을 살핀다.
- 남이 이야기하는 중에 끼어들지 않는다.
- 말의 시작은 양해를 얻어서 하고 끝맺음은 요령 있고 분명하게 한다.

동료들과 대화 시에도 호칭과 기본 예절을 지키도록 한다.

② 말을 듣는 예절

- 상대방을 정면으로 바라본다.
- 상대방의 말에 대한 반응을 보인다.
- 의문이 있으면 말이 끝난 뒤에 묻는다.
- 상대방과 눈을 맞춘다.

(2) 올바른 호칭 사용

고객을 호칭할 때와 승무원 간의 호칭을 나누어 살펴보자.

먼저 고객을 부를 때 원칙적으로 이름을 불러서는 안 되며, 적합한 호칭과 직함을 사용해야 하며, 사전 정보가 없거나 SHR상에 직위에 대한 기록 누락 등으로 직함 사용이 어려운 경우 적극적이고 개별적인 고객 응대를 통해 직위를 알아 호칭해야 한다. 또한 호칭할 때의 어조, 태도에 따라 상대방에게 전혀 다른 느낌을 주므로 조심한다.

동료 승무원 간의 호칭에 있어 주의사항은 다음과 같다.

- 직책이 있는 선임자는 "직책+님"으로 호칭한다.
- 동급자는 "성+직책" 또는 직책명으로 호칭한다.
- 동일 직급이라도 나이 차이가 있을 경우에는 "ㅇㅇㅇ선배님"이라고 부르고 입사가 빠른 사람에게도 "선배님"이라고 부르는 것이 좋다.
- 후배는 "ㅇㅇㅇ씨"로 부른다.
- "형", "언니" 등의 호칭은 직장 내에서 사용하기에 바람직한 표현이 아니다.
- 서비스 중 호칭이 계속 반복될 때 성은 생략해도 무방하다.

(3) 호감 가는 객실서비스 대화

① 고객에게 호감을 얻도록 한다.

객실승무원은 가능한 한 많은 고객들과 이야기를 나눌 수 있도록 노력해야 한다. 특히 말하기를 꺼리는 한국인 고객들과도 대화를 할 기회를 찾는 등의 세심한 배려를 아끼지 않는다. 고객과의 대화 시에는 공통의 화제를 찾아 대화

함으로써 더 많은 고객들로부터 호감을 얻을 수 있도록 한다.

- 화제로 적합한 주제: 날씨, 교통, 스포츠, 논쟁의 여지가 없는 최신뉴스(예: 오스카 시상식), 여행, 환경문제, 만나기 좋은 장소나 도시, 공동의 경험자, 책, 예술
- 화제로 부적합한 주제: 건강, 지출이나 수입, 개인적인 불상사, 음담패설, 험담, 종교, 논쟁의 여지가 많은 주제, 사생활에 관한 세부적인 사항

② 부정적인 표현은 의뢰형으로 한다.

부정적인 표현은 고객의 감정을 쉽게 상하게 한다. 객실승무원은 금지, 부정, 거절의 표현을 삼가고 의뢰형의 정중한 표현을 사용하여야 한다.

틀린 표현	바른 표현
…해서는 안 됩니다.	…해 주시겠습니까?
…할 수 없습니다.	…어려울 것으로 생각됩니다만 알아봐 드리겠습니다.
…지 않습니다.	…않을 것 같습니다. 다시 알아보겠습니다.

③ 고객에게 맞는 표현을 사용한다.

고객의 나이, 학력, 성향 등을 파악하여 고객에게 맞는 적절한 언어를 사용하여야 한다. 고객이 이해하기 어려운 용어를 사용한다든지 격에 맞지 않는 표현을 쓰는 것은 실례이며 가급적 상대의 수준에 맞는 표현을 사용하도록 한다.

④ 외국어, 전문용어는 가능한 사용하지 않는다.

승무원 상호 간에 사용하는 외국어 또는 전문용어는 고객이 이해하기 어렵고 거북한 느낌을 주게 된다. 고객과의 대화가 중요한 서비스의 한 부분임을 감안하여 부적절한 용어 사용을 피하며, 이해하기 쉬운 용어를 사용하여 대화한다.

⑤ 알아듣기 쉬운 속도와 적절한 톤으로 이야기한다.

상대방이 말을 듣는 데 부담감이 느껴져서는 안 된다. 항상 고객이 편안한 기분으로 이야기를 들을 수 있도록 말의 속도와 톤을 적절히 구사한다.

⑥ 고객이 말한 내용은 반드시 재확인한다.

고객의 요구사항이 무엇인지를 정확히 판단하지 못하였을 경우 정중하게 되물어 확인하는 것이 중요하다. 또한 요구사항을 메모하여 신뢰감을 주는 것이 필요하다.

⑦ 고객의 말을 잘 듣고 정확히 이해하는 센스를 키운다.

고객의 이야기를 잘 들은 후 “내가 해야 할 일은 무엇이며 어떤 방법으로 해결해야 하는가?”를 잘 판단하여야 한다. 대화는 상대의 말을 얼마나 이해하느냐에 따라 그 효과가 달라진다.

항·공·상·식

항공기 연료 방출

비행기가 날아가면서 지상으로 연료를 버리는 것이 보인다고 당국에 민원을 제기하는 사람들이 있다. 실제로 사람들이 보는 것은 날개 끝부분에서 발생하는 소용돌이가 대부분이다. 응축물이 소용돌이를 일으키며 공기역학적 힘으로 날개 끝에서 분출되는 것이다.

아무 이유도 없이 연료를 버리는 행위는 10만 원 수표가 가득 들어 있는 돈가방을 버리는 것과 같은 셈이다. 아주 심각한 상황이 아니면 어떤 경우에도 연료를 버리는 일은 없다. 물론 연료를 버린다면 그것은 무게를 덜기 위한 것일 것이다. 일반적으로 몇 시간 비행에 수십 톤 규모의 연료가 소모된다.

대형 비행기의 이륙을 위한 최대 중량은 착륙을 위한 최대 중량보다 더 크다. 하지만 이륙할 때보다 착륙할 때 기체에 가해지는 압력이 훨씬 크다. 이것은 무거운 배낭을 메고 계단 위로 올라갈 때와 계단 아래로 뛰어내릴 때 어느 경우에 허리에 힘이 많이 작용하는가를 생각하면 금방 이해가 될 것이다.

위급한 상황이 아니면 비행기에서 버려진 연료가 지상에 도달하기도 전에 모두 증기가 되어 사라질 정도의 높은 고도에서 연료를 방출시킨다. 너무 낮은 고도에서 연료를 방출하면 연료가 기화되기 전에 지상에 떨어지기 때문에 낮은 고도에서 연료를 방출하는 것은 금지되어 있다.

WORK SHEET

1. 내가 닮고 싶은 내적 이미지 모델은 누구이며 닮고 싶은 이유는 무엇인가?

2. 내가 닮고 싶은 외적 이미지 모델은 누구이며 닮고 싶은 이유는 무엇인가?

3. 나의 이미지 분석

– 내가 생각하는 나의 이미지

– 타인이 생각하는 나의 이미지

CHAPTER 08

불만 승객 대처하기

Olga Visavi/Shutterstock.com

1. 항공객실서비스 실패와 회복

1) 서비스 실패와 회복의 관계

항공객실서비스는 항공사에서 제공하는 물적 · 인적 서비스에 대하여 고객이 기내에서 서비스를 받기 전에 기대했던 것과 실제 제공받은 후에 느끼는 것에 따라 품질 간 차이가 발생하게 된다. 기대서비스와 실제서비스 간의 차이가 크면, 불만족한 서비스로 평가될 수 있으므로 차이를 줄이기 위한 다양한 전략을 모색하게 된다.

즉 고객의 불만족한 서비스에 대한 평가를 서비스 실패라고 한다면 다양한 전략과 노력을 통해 고객의 마음을 다시 사로잡을 수 있는 것은 서비스 회복이라고 할 수 있으므로, 서비스 회복 방안은 고객만족 서비스 시점에서 볼 때 매우 중요하다고 할 수 있다.

2) 고객 불만 서비스 실패 사례

서비스 접점에서 고객은 서비스 실패를 기대하지 않으므로 평가 기준은 성공에 맞춰져 있다. 따라서 고객은 기대한 바와 다르게 서비스 실패가 발생하게 되면 자신이 입은 손실보다 더 과대평가하므로 실패로 인한 손실보다 더 큰 보상을 요구하기도 한다. 서비스 실패의 심각성은 발생한 실제 상황에 대하여 고객이 지각하는 심각성의 정도에 대한 것으로, 경미한 것에서부터 심각한 것까지 매우 다양하며, 서비스 실패 문제가 심각할수록 서비스 회복은 더욱 어렵게 된다.

2009년도 "유나이티드항공사는 기타를 부수어요."라는 동영상은 기업의 이미지 관리 실패의 대표적인 사례이다. 미국 유나이티드항공사(United Airline)를 이용한 한 고객이 자신의 기타 줄이 끊어진 것을 알고 불만을 제기하였으나 항공사에서는 고객의 요구에 대응하지 않다가 고객이 유튜브에 올린 영상으로 인하여 전 세계의 고객들로부터 질타를 받은 후에 고객에게 사죄하였다. 이는 서비스 실패에 대한 빠른 대응의 중요성과 필요성을 보여 주는 사례로 기업이 인식하지 못하고 있는 동안 한 고객에 의한 기업의 부정적인 평가가 많은 사람들에게 미치는 영향력을 보여 줌과 동시에 서비스 실패에 대한 회복이 얼마나 어려운가를 일깨워 준다.

또한 다음 사례를 보자.

"2010년 2월 사우스웨스트항공사의 여객기에 탑승하려던 할리우드 영화감독 케빈 스미스는 기내에서 쫓겨나는 상황을 맞았다. 비행기가 만석이라 한 좌석에 앉아야 했는데, 한 좌석에 앉기에는 그의 몸집이 너무 컸기 때문이다. 160만 명 정도의 팔로워를 보유한 파워 트위터리안이었던 그는 항공사를 비난하는 내용의 글을 200건 이상 트위터에 올리고 팟캐스트로 내보냈다. 결국 해당 항공사는 블로그와 트위터에 자사의 좌석 방침을 설명해야만 했다."

위 경우처럼 소셜 미디어의 등장은 고객서비스와 밀접하게 맞닿아 있다. 고객들 중 상당수가 기업의 고객서비스나 처리 방식이 마음에 들지 않으면 페이스북, 유튜브, 트위터 등 소셜 미디어를 통해 주변 사람에게 불만을 알리기 때문에 나쁜 평판은 상상할 수 없이 빠르고 광범위하게 퍼져나간다.

고객서비스는 보이지 않는 곳에서도 소셜 미디어를 통해 빠르게 평가된다.

3) 고객서비스 회복 사례

(1) 서비스 회복 사례

대표적인 사례가 미국의 항공사 제트블루다. 이 회사의 예약 담당 직원 대부분은 재택근무를 하는 주부들로, 항공사는 이들의 업무에 트위터 관련 업무를 포함시켰다. 직원들은 트위터상의 고객 불만을 접하자마자 응대를 위해 고객의 전화번호와 이메일을 확보한다.

신속한 응대의 한 예로, "항공 교통 관제국은 현재 기후 관계로 JFK 공항에서의 입출항을 통제하고 있습니다."와 같은 운행 지연 정보를 트위터에 알리기도 한다.

이들의 대응 방식은 어떤 수단을 통하든 소셜 미디어로 들어온 요청을 책임지고 "신속하고 정확하게" 처리한다는 데 있다.

Roman Tiraspolsky/Shutterstock.com

제트블루 항공기

(2) 서비스 회복의 핵심요소

비행 중 객실서비스는 객실승무원의 인적 서비스 요인이 가장 크게 작용하는 고객 만족과 불만족 사례가 가장 빈번한 서비스 접점 단계이다. 항공기, 기내식, 기내 오락물, 면세품 등은 고객에게 정형화된 형태로 서비스가 제공되지만, 객실승무원의 수행능력에 따라 고객이 느끼는 만족도는 비정형화된 형태이므로 항공사 만족도와 제공된 서비스에 대한 만족도 간에는 차이가 발생하게 된다. 그러므로 서비스 실패와 회복에 대한 고객 평가는 직원의 역량에 좌우된다고 볼 수 있으며, 항공사 객실서비스품질을 결정하는 서비스 실패와 회복의 핵심요소라고 할 수 있다.

그러므로 항공객실서비스 제공은 객실승무원과 고객 간의 상호작용을 통한 접점에서 발생하는 요인임을 고려할 때 다양한 사례 연구를 통해 근본적인 원인을 찾고, 실패를 예방할 수 있는 운영전략을 구축하여 고객의 불만을 해소해야 한다. 그리고 고객만족도 향상과 기업의 긍정적인 수익성과를 위해 항공객실서비스는 실패에 대한 적극적인 서비스 회복 노력이 필요하다.

2. 고객 불만

1) 고객 불만

불만의 개념은 고객이 제공받은 서비스나 이용한 상품이 기대에 미치지 못했을 경우 느끼는 심리적 불편함이라고 할 수 있고, 불평행동은 서비스에 불만을 느낀 고객이 보이는 불편함의 외적 표현이라고 할 수 있다.

기내에서 서비스에 대해 불만을 토로하는 고객에 대해 객실승무원은 간혹 "전혀 터무니없이 컴플레인한다.", "이유도 없이 컴플레인한다."고 생각하는 경우가 있다. 그러나 이는 서비스제공자로서의 책임감을 망각하고 고객을 이해하려는 태도를 갖지 않은 탓이다.

경우에 따라 고객은 항공기 탑승 전 예약, 항공권 구입, 탑승 수속, 보안 검색 등 많은 과정에서 이미 불쾌해진 상태로 탑승하기도 하므로 이런 경우 객실승무원은 회사를 대표하는 입장에서 고객을 대응하고 배려해야 한다. 그리고 모든 고객의 입장을 이해하는 자세를 기본으로 하여 서비스에 임해야 한다.

2) 고객 불만 관리

자료: 2006 불만고객 연구보고서(2006.3.)

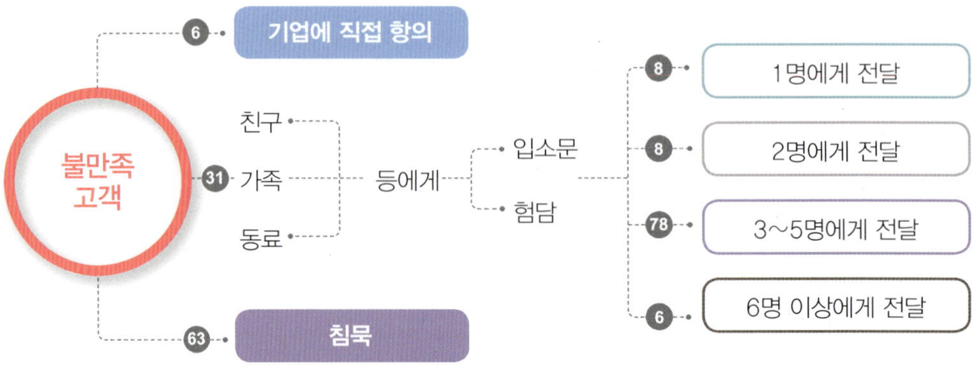

도표 8.1 | 고객 불만의 확산 경로 (단위: %)

불만고객을 관리해야 하는 중요한 이유 중 하나는 그들의 전파력 때문이다. 미국의 경영대학원 와튼스쿨이 발표한 "2006 불만고객 연구보고서"에 따르면 고객 100명이 불만을 느낄 경우 32~36명의 고객이 같은 매장에 다시 방문하지 않는다고 한다. 불만을 느낀 고객 가운데 기업에 직접 항의를 하는 고객은 6%에 불과하며 친구, 가족, 동료들에게 적극적으로 알리는 고객은 31%에 달했다. 31%의 고객 중 16%는 1~2 명에게 전달하고 78%는 3~5명에게, 6%는 6명 이상에게 기업의 험담을 늘어놓는 것으로 조사됐다. 즉 100명 중 31명이 느낀 불만이 90명 이상에게 전파되는 것이다. 또 63%의 고객은 침묵을 지키며 다른 기업으로 이동한다고 한다(도표 8.1 참조).

이처럼 불만고객을 관리하는 것이 브랜드 이미지를 위한 핵심 사안이기도 하지만 더불어 파생되는 긍정적 효과도 있다. 불만고객을 효율적으로 관리할 경우 재구매율이 높아져 수익을 증대시킬 수 있다는 점이다.

고객 불만과 고객충성도의 관계를 설명하는 존 구드만의 법칙은 "고객이 평소에 아무런 문제를 느끼지 못한 상황에서는 일반적으로 10% 정도의 재방문율을 보이지만, 만약 불만사항을 말하러 온 손님에게 진지하게 대응했을 경우 고객의 65%가 다시 이용하러 온다."고 정의한다.

즉 고객의 불만을 신속하고 정성껏 처리했을 경우 그 불만이 만족도로 변해 고정고객보다 높은 충성도를 보이게 된다.

3) 고객 불만 대응 단계: LAST 법칙

고객 불만을 해결할 때 다음과 같이 LAST(Listen – Apologize – Solve the Problem – Thank Guest)의 4단계를 적용해 본다.

- Listen(경청): 고객은 불만을 해소해야 할 필요가 있으므로 참을성 있게 귀 기울여 듣고 이해한다.
- Apologize(사과): 고객에게 조용한 목소리로 불편 사항에 대해 사과한다.
- Solve(해결): 고객의 불편 사항을 신속하게 해결하기 위해 대응 과정에 적극적으로 관리자가 참여한다.
- Thank(감사): 불만을 언급해 준 것과 양해에 대해 고객에게 감사를 표한다.

4) 고객 불만 해소를 위한 다섯 가지 원칙

(1) 언어절제의 원칙

"만일 당신이 사람들에게 따지고 상처를 주고 반박을 한다면 때때로 승리할 수도 있을 것이다. 하지만 그것은 공허한 승리에 불과하다. 왜냐하면 당신은 결코 상대방으로부터 호의를 얻어내지 못할 것이기 때문이다."라고 벤자민 프랭클린이 이야기했듯이, 불만고객을 응대할 때 말을 많이 하는 것은 좋지 않다. 고객보다 말을 많이 하는 경우 고객의 입장보다는 자신의 입장을 먼저 생각하게 되기 때문이다. 말을 많이 한다고 해서 나의 마음이 고객에게 올바로 전달되는 것은 아니다. 오히려 고객의 말을 많이 들어 주는 것이 고객의 문제를 빨리 해결할 수 있다. 세계적으로 유명한 정신과 의사들의 공통된 말은 "나는 환자들이 하는 말을 진심으로 이해하려고 애쓰며 들어 준 것밖에는 없다."이다.

언어절제의 원칙에서는 듣기와 이해하기가 중요하다.

(2) 감정통제의 원칙

객실승무원은 고객서비스가 직업이다. 사람을 만나고 의사소통하고 결정하고 행동하는 것이 직업이라면, 사람과의 만남에서 오는 부담감을 극복하고 자신의 감정까지도 통제할 수 있어야 한다. 프로와 아마추어의 차이는 그것을 통제할 수 있느냐 없느냐일 것이다. 자신을 잃지 않고 끝까지 감정을 지켜 나가는 사람은 최후의 승리자가 될 것이며, 그렇지 않고 잠시나마 감정의 끈을 풀어놓는 사람은 어느 순간 타인에게 끌려가게 된다.

"맞은 놈은 발 뻗고 자고 때린 놈은 오그리고 잔다."는 말이 있듯이, 화를 내는 사람이나 그것을 듣는 상대방 모두 스트레스를 받기 마련이다. 그러므로 순간의 감정조절 실패로 인해 돌이킬 수 없는 큰 오류를 범하지 않도록 최후까지 감정 통제하는 사람이 승리자라는 인식으로 노력해야 한다.

(3) 역지사지의 원칙

문제를 해결함에 있어서 고객에게 잘못이 있다 하더라도 승무원의 역할은 고객에게 책임을 묻는 것이 아니라는 점을 알아야 한다. 역지사지의 원칙에서는 두 가지를 기억하도록 한다.

첫째, 누구도 그 사람의 입장이 되어 보지 않고서는 그의 마음을 알 수 없다. 고객을 이해하기 위해서는 반드시 그의 입장에서 문제를 바라봐야 한다. 고객은 우리의 규정을 보지도 못했고, 그 규정의 합리적 존재이유에 대해서 알지도 못하거니와 업무가 처리되는 절차에는 더더욱 관심이 없다.

둘째, 우리가 우리에게 관심을 가져 주는 사람에게 관심을 갖듯이 고객 또한 자신에게 관심을 가져 주는 사람에게 호감을 갖는다. 고객에게 관심을 보여야만 우리의 말과 설명이 고객에게 제대로 전달되어 마음으로 이해할 수 있다. 그렇지 않으면 아무리 합리적인 이유를 말하고 훌륭한 미사여구를 사용한다 할지라도 고객은 결코 자신의 의견을 굽히지 않을 것이다.

설사 고객에게 잘못이 있다 하더라도 승무원의 역할은 고객에게 책임을 묻는 것이 아니라 고객이 문제를 잘 해결하도록 돕는 것이 책임과 직무임을 기억해야 한다.

(4) 피뢰침의 원칙

고객의 불합리한 분노로 인해 감정을 조절할 수 없다고 느껴질 때 필요한 생각이 바로 피뢰침의 원칙이다. 나를 조직의 피뢰침으로 생각하는 것이다.

건물이나 자동차에 딸린 피뢰침은 번개를 직접 맞지만 자신은 상처를 입지 않을 뿐 아니라 건물이나 자동차까지도 아무런 상처가 없도록 번개를 땅으로 흘려보낸다. 불만고객 응대 시에도 피뢰침과 같이 직접 불만 섞인 다양한 고객들을 맞이하여 몸으로 흡수하고 회사나 제도에 반영한 후 다시 땅속으로 흘려보내야 한다. 이런 피뢰침과 같은 역할을 성실히 수행함으로써 회사와 조직은 상처를 입지 않고 내실을 충만히 할 수 있다. 물론 자신도 상처 없이 건강한 하루를 보낼 수 있다.

고객이 화를 내고 거친 언어를 사용한다고 해서 그것이 나를 향한 것이라고 생각해 버린다면 누구든지 감정적인 동요를 일으킬 수밖에 없다. 내가 아닌 회사나 제도에 항의하는 것이라는 생각을 가져야 고객의 심한 분노의 표현으로부터 건강하게 자유로울 수 있다.

나를 조직의 피뢰침으로 여김은 고객의 분노에 대해 내가 상처받지 않는 조절 방법이다.

(5) 책임공감의 원칙

고객의 비난과 불만이 나를 향한 것이 아니라고 하여 고객의 불만족에 대해서 책임이 전혀 없다는 말은 아니다. 우리는 조직구성원의 일원으로서 내가 한 행동의 결과이든 다른 사람의 일 처리 결과이든 고객의 불만족에 대한 책임을 같이 져야만 한다.

고객에게는 누가 담당자인지가 중요한 것이 아니라 자신의 문제를 해결해 줄 것인지 아닌지가 중요하다.

고객의 불만이 나를 대상으로 한 것이 아니기 때문에 책임이 없다고 한다면 나는 무엇 때문에 이 자리에 앉아 있는가를 한번 잘 생각해 보고, 내가 할 수 있는 범위 안에서 문제 해결을 도와야만 할 것이다.

5) 고객 불만 대응 요령

1. 최초의 응대가 가장 중요하다. 먼저 고객의 불만에 대하여 "죄송합니다." 라는 사과의 뜻을 표시한다.
2. 고객의 이야기를 끝까지 잘 들어야 하며, 도중에 말을 가로막는다든가 변명의 말을 하지 않도록 하며, 고객의 문제와 걱정하는 점에 대하여 성실한 태도로써 관심을 표시한다.
3. 고객이 원하는 바가 무엇인지를 정확히 파악한다.
4. 고객과 말다툼이 될 소지가 있거나 이미 화나 있는 고객의 경우에는, 대화 시 가능한 톤을 낮추어서 상대방의 감정이 가라앉도록 한다.
5. 끝까지 거절해야 할 경우에는 직접적인 표현을 삼가고 우회적인 말을 사용하여 감정의 대립을 완화한다. 즉 "안 됩니다." 대신 "죄송합니다만…"을 사용한다.
6. 고객 불만을 적극적으로 해결하려는 노력을 보여 준다. 책임 주체가 회사인지 고객인지 판별하기 어려운 경우, 고객의 입장에서 문제 해결을 위해 최대한 노력한다.
7. 고객과의 언쟁을 피한다. 지든 이기든 회사의 이미지에 손상을 끼치기 때문이다.

단계	핵심 포인트
1. 사과한다.	☞ 사과의 수준 "죄송합니다." "매우 죄송합니다." 또는 "대단히 죄송합니다."
2. 구체적인 내용을 파악한다.	☞ 적극적으로 듣는다. 질문한다. 메모한다.
3. 사실과 기분을 요약한다.	☞ 고객의 기분(감정)을 살피고, 문제를 정리 요약한다. "그러셨군요. 말씀하신 부분으로 인해 많이 불편하셨으리라 생각됩니다."
4. 행동의 동의를 얻는다.	☞ 강요가 아닌 제안을 한다. 잘 모를 경우에는 질문한다. "저희가 무엇을 할 수 있을까요?" "저희가 어떻게 해 드리면 좋을까요?"
5. 신속하게 행동한다.	☞ 처리하기까지 시간이 걸린다면 고객에게 알린다.
6. 사후관리를 한다.	☞ 고객과 함께, 동료와 함께. 다른 사람들에게 알린다. 필요시 도움을 구한다.

도표 8.2 | 고객 불만 대응 절차별 예시

3. 원활한 대인관계

직장 내 선후배들과의 소통을 통해 서로를 이해하고 대인관계를 형성하게 되면서 객실서비스 업무 및 협력과 관련한 대화에서는 정보교류가 이루어지고, 이는 곧 사회생활에 있어서의 자산을 만들게 된다. 또한 고객 응대를 할 때 불만고객과의 소통을 통해서 고객의 요구에 관심을 갖고 상대의 말에 귀 기울이게 되면 대화 속에서 문제를 해결할 수 있는 대응방안을 찾을 수 있다. 이러한 효과적인 커뮤니케이션을 위해서 서로가 마음을 열고 소통하는 것이 필요하다. 원활한 대인관계를 위한 호감 가는 대화를 위해 할 수 있는 가장 좋은 방법은 효과적으로 말하는 "설득"과 효과적으로 듣는 "경청"이다.

1) 설득

데일 카네기는 설득에 대하여 "사람과 사람 사이의 상호작용을 통해 상대방의 태도나 행동을 변화시키는 과정"이라고 하였다. 어느 사안에 대해 상대방의 말에 적극적으로 동의하고, 그렇지 못한 경우에는 먼저 상대방의 의견을 인정한 뒤 나의 의견을 나누는 것이 바람직한 설득 방법이다. 직장생활을 할 때 상대방과는 다른 내용을 주장하거나 의견을 내세워야 할 경우가 있는데 이 과정에서 우리는 설득을 잘할 수 있는 커뮤니케이션 스킬이 필요하다.

"긍정은 설득을 위한 최고의 방법"이라는 말도 있듯이 긍정적인 언어로 설득하는 것이 효과적이라고 할 수 있다. 사람은 누구든지 자신을 인정해 주고 자신의 말에 공감을 표시하는 사람에게 호감을 갖게 마련이기 때문이다. 그렇다면 긍정적으로 상대방을 설득시킬 수 있는 대화법은 무엇일까?

- 심각한 본론의 대화 전에 가벼운 대화로 부드러운 분위기를 조성한다.
- 침묵하는 사람이 대화에 참여하도록 이끈다.
- 공감대를 형성한다.
- 존경받는 사람의 말과 작품을 인용하여 신뢰감을 준다.
- 같은 행동을 하고 싶은 동조 심리를 이용하여 설득한다.
- 가장 중요한 설득의 방법으로서, 진심으로 대화한다.

2) 경청

(1) 경청의 중요성

고객과의 원활한 대인관계와 소통을 위한 커뮤니케이션 스킬에서 말하기보다 중요한 것이 듣기이다. 탈무드에서는 "눈이 두 개, 귀가 두 개, 입이 하나인 이유는 많이 보고, 많이 듣고, 적게 말하기 위함이다."라고 했다.

경청이란 "듣기"라는 일반적인 표현에 "공감"이라는 인간적인 요소를 포함한다. 다시 말해 상대의 말을 귀로만 듣는 것이 아니라 상대방의 얼굴에 나타난 감정을 읽을 수 있어야 한다는 의미이다. 경청은 정확하게, 이해하며 듣는 것으로서, 상대방의 의도를 잘 이해하면서 듣는다는 의미이기도 하다. 고객과의 원활한 소통을 위해 경청을 잘하게 되면 다음과 같은 장점이 있다.

- 경계심이 줄어든다.
- 호감을 산다.
- 인간관계가 원만해진다.
- 상대의 감정, 느낌, 생각에 대한 더 많은 정보를 얻을 수 있다.
- 효과적으로 설득할 수 있다.

“1·2·3 화법”

1번 자신의 의사를 말하고, 2번 상대의 이야기에 귀 기울이며, 3번 맞장구를 쳐 준다.

경청의 방법 중 하나인 1 · 2 · 3 화법에서는 상대와 대화를 나눌 때, 자신의 이야기를 1번 말하면 자신이 말하기보다 상대방에게 말할 수 있는 기회를 더 주게 되고, 상대의 이야기에 2번 더 귀 기울이면 상대가 더 많은 이야기를 할 수 있고, 또한 3번 맞장구를 치면 상대방으로부터 더욱 많은 정보를 듣게 된다. 이를 통해 상대는 편안한 마음으로 대화하게 되고 호감도를 높이게 될 수 있다.

(2) 경청의 종류

소극적 경청(침묵)에서 아무런 말을 하지 않는 것은 관심이 없는 것이 아니라 모든 내용을 진심으로 공감하고 수용한다는 것을 의미한다. 반면 적극적 경청(반영적 경청)은 상대방의 반응을 반복해서 확인하는 것으로서 상대방이 의도하는 것이 무엇인가에 초점을 두고 듣는 것을 말한다. 마지막으로 승인 반응이란 상대방이 이야기하는 동안에 깊은 관심을 기울이고 있다는 메시지를 전달해 주는 것이다.

(3) 효과적인 경청

나는 고객의 말을 잘 듣고 있지만, 경우에 따라서 고객에게 경솔하게 듣고 있다는 부정적인 느낌을 심어 줄 수도 있기 때문에 "효과적인 경청" 방법에 대해 이해할 필요가 있다. 먼저, 경청을 할 때에는 비판적 태도를 버리고, 상대가 말하고 있는 의미 전체를 이해하고, 말하는 상대의 표정과 몸짓을 확인하여 냉정하고 침착하게 응대해야 한다. 효과적인 경청 방법을 다섯 가지로 정리하면 다음과 같다.

① 고객의 눈과 얼굴을 쳐다보기

고객의 눈과 얼굴을 보지 않고 말하는 것은 상대방을 무시한다는 느낌을 줄 수 있고 제대로 된 내용을 전달하기도 어렵다.

공감하고 수용하는 것이 경청의 중요한 의미가 된다.

② 상체를 약간 기울이기

상체를 앞으로 약간 기울여 고객의 말을 듣게 되면 적극적으로 듣고 있다는 느낌을 주게 된다. 존중받는 느낌만으로도 고객으로부터 공감을 끌어낼 수 있다.

③ 고개 끄덕이기

고객의 말을 잘 이해하고 있다는 비언어적인 표현은 상대방에게 안정감과 신뢰감을 줄 수 있다.

④ 눈썹 움직이기

가장 적극적으로 경청하고 있다는 반응을 보일 수 있는 방법 중 하나가 바로 눈썹을 적절하게 움직이는 것이다. 눈썹으로 많은 감정을 표현할 수 있는데, 놀란 표정, 반가운 표정, 아주 즐거운 표정, 슬픈 표정, 죄송한 표정, 안타까운 표정 등을 눈썹 하나로 표현할 수 있다.

⑤ 마음속 깊은 내용까지 진심으로 듣기

고객의 표정을 잘 살펴본다거나 고객이 취하고 있는 태도를 보면 진심으로 하고자 하는 말이 현재 말하고 있는 내용과 일치하는지 그렇지 않은지를 알 수 있다. 사람은 가끔 자신이 하고자 하는 말과 현재 하고 있는 말의 내용이 일치하지 않는 경우가 있기 때문에 상대방은 종종 자신의 마음을 알아주길 바라기도 한다.

그렇다면 경청할 때 우리가 하면 안 될 행동은 무엇이 있을까? 다음에 나와 있는 경청 시 주의사항을 보자.

- 대답을 안 하거나 건성으로 듣기
- 눈을 쳐다보지 않고 무관심한 태도를 보이기
- 팔짱을 끼고 듣거나 손장난을 하기
- 나도 모르게 말을 중간에 끊기

- 실언에 대해 트집 잡거나 말꼬리 잡기
- 말참견하기
- 주위 산만하게 주변을 살피거나 자꾸 시계를 쳐다보기
- 상대를 너무 뚫어지게 쳐다보기

3) 고객만족 서비스 대화법

(1) 원활한 대화법

기본적인 호감 가는 대화법은 경청 〉 맞장구 〉 호응으로서, 이에 대해 설명하면 다음과 같다.

- 상대방을 존중하고 이해하려는 마음을 기본으로 이야기를 **경청**한다.
- **맞장구**로 호응하거나 동의하여 대화를 이끌어 나가기 위한 공감을 표시한다.
- **호응**을 통해 상대방의 질문이나 이야기에 대답하거나 지속적인 대화를 유도한다.

경청

대화방법 – 눈을 맞추고 공손한 자세로 귀 기울이며, 내용과 관련 있는 질문을 통해 대화를 이끌어 간다.

↓

맞장구

대화방법 – 고개를 끄덕이거나 감탄사나 추임새를 통해 응대한다. 또는 대화의 내용을 반복 이야기한다.

↓

호응

대화방법 – 긍정적인 답변으로 상대방과 공감대를 형성하고 이해와 관심을 유지한다.

무료하고 긴 여정 속에서 객실승무원과의 진심 어린 대화를 통하여 고객은 그 어떤 서비스보다 친절함과 기억에 오래 남는 따뜻한 감동을 느낄 수 있을 것이다.

서비스에 대한 불만을 토로하는 고객과 대화를 할 때, 혹은 동료와 대화할 때 호감 가는 대화를 위해 '경청-맞장구-호응'의 순서를 활용해 보자.

(2) 대인관계를 향상시키는 대화기법

① 긍정 화법

"승무원, ○○○을 갖다 주시겠어요?" 등의 부탁을 받았을 때 "지금 다른 업무 중이라 안 됩니다."라고 바로 거절하기보다 "먼저 주문하신 고객분의 요청을 도와드린 후 잠시 후에 가져다 드려도 괜찮으시겠어요?" 또는 "하고 있는 일을 마무리하고 도와드리겠습니다."라는 긍정적인 표현을 사용하는 것이다.

② 청유형 화법

"이렇게 하는 것이 어떻습니까?"라고 의견을 구하면 거부감을 불러일으키지 않고 자신의 의견을 적절히 제시할 수 있다. 청유형 화법의 예로, "~해 주시겠습니까?", "~알려 주시겠습니까?", "~말씀해 주시겠습니까?", "~괜찮으시겠습니까?"로 표현할 수 있다.

③ 쿠션 화법

부드러운 쿠션언어를 사용하여 완곡하게 거절하거나 의사를 표현하면 상대방이 거부감 없이 이해하는 데 도움이 된다. 예를 들어, "안 돼요."보다는 "죄송합니다만, 처리가 곤란할 것 같습니다."로 바꿔 말하고, "없어요."보다는 "죄송합니다만, 지금 찾으시는 것이 없습니다.", "죄송합니다만, 잠시만 기다려 주시겠습니까?"로 표현할 수 있다.

④ Yes/But 화법

Yes/But 화법은 의견차이가 있을 때 상대의 기분을 상하게 하지 않으면서 자신의 의견을 제시하는 화법으로서, "손님이 찾으시는 것이 없습니다만, 도와드릴 수 있는 방법을 최대한 찾아보겠습니다."로 응대하는 것이다.

4. 고객 성향별 불만 응대 요령

1) 성급한 고객

▶ 분명하고 빠른 응대로써 명확한 대답과 신속한 행동이 요구된다.

식사 서비스가 조금만 늦어도 빨리 달라고 재촉하는 고객이다. 요구사항에 대한 즉각적인 응대가 이루어지지 않을 경우 승객의 독촉사항에 대해 "아마 곧 갖다 드릴 겁니다." 또는 "저는 잘 모르겠습니다만…" 등의 불분명한 대답은 승객의 신경을 더 곤두서게 할 뿐이다. "네, 곧 가져다 드리겠습니다."와 같은 신속하고 명확한 응대로 해결하도록 한다.

2) 까다로운 고객

▶ 성의 있는 태도와 미소로 승객의 의견을 경청하고 상냥한 말투로 응대한다.

"잠시만 기다리라고 하더니 벌써 5분이나 지났잖소?" "도대체 비행기에 담요 여분도 하나 없다니!" "이 비행기는 왜 이렇게 시끄럽지?" 이러쿵저러쿵 말이 많고 꼬투리 잡기를 즐기는 고객에게는 고객의 이야기를 경청하며 추켜세우고 설득해 가는 방법이 효과적이다.

3) 거만 과시형 고객

▶ 정중한 자세로 승객의 말을 경청한다.

자기 자랑이 심하고 과시하길 좋아하는 승객, 툭하면 "사무장 불러와!"라고 말하는 승객. 이런 유형의 승객은 되도록 자존심을 건드리지 않고 정중하게 대하는 것이 좋다. 그러나 의외로 단순한 면이 있으므로 일단 그의 호감을 얻게 되면 응대가 쉬워진다.

4) 명랑 쾌활한 고객

▶ 예의를 갖추어 대하고 "예, 아니요"를 분명히 한다.

싹싹하고 쾌활해서 상대하기 쉬운 사람이지만 그렇다고 마음을 놓아서는 안 된다. 만만하게 대하면 "사람 우습게 보는데?"라고 생각할 수도 있다. 일을 처리함에 있어서는 "YES"와 "NO"를 분명히 하는 것이 좋으며 상대방의 쾌활함에 자신의 위치를 망각하여 예의를 벗어나는 일이 없도록 한다.

5) 온순 과묵형 고객

▶ 개별적인 고객 응대를 통해 고객에게 접근한다.

온순 과묵형 승객은 속마음을 헤아리기가 어렵다. 불만스러운 것이 있어도 내색을 잘 하지 않으나, 말이 없다고 해서 흡족해하는 것으로 착각해서는 안 된다. 저자세지만 속으로는 날카롭게 관찰하고 있는 고객일 경우도 있으므로 예의 바르게 응대한다.

6) 호기심 많은 고객

▶ 자신 있고 명확한 대답으로 궁금증을 해소시킨다.

항공기에 대한 많은 호기심을 가지고 있고 기내설비를 비롯한 기내용품, 면세품 등에 관한 여러 가지 질문을 던지는 승객이다. 이러한 승객에게는 자신 있고 명확한 대답이 필요하다. 시원한 대답을 하지 않으면 질문공세로 곤란을 겪게 된다. 자신이 없으면 명확한 자료를 직접 찾아준다.

7) 유아 동반 고객

▶ 어린이에게 관심과 칭찬을 보낸다.

어린이에 대한 관심을 고객 자신에 대한 관심으로 여긴다. 어린이의 성격과 특징을 파악하여 적절하게 칭찬을 하고 그의 관심사에 귀 기울여 주는 것이 중요하다. 무료 제공품이나 음료 등을 주며 친숙해지는 것도 좋은 방법이다.

5. 불만 상황별 응대

1) 승객이 큰 소리로 말할 때

승객의 언성이 높을 때에는 "저, 죄송합니다만 목소리를 좀 낮추어 주시겠습니까?"라고 할 수는 없는 노릇이다. 우선 자신의 목소리를 낮추고 천천히 말을 이어 감으로써 상대방으로 하여금 자기의 목소리가 크다는 사실을 알도록 하여야 한다. 그래도 상대방이 계속 언성을 높일 때에는 Galley 등 다른 승객에게 불편을 끼치지 않을 장소로 안내하여 대화를 한다. 장소를 바꾸면 대화가 잠시 중단됨으로써 상대방의 기분을 전환시키고 목소리를 낮추게 하는 효과를 거둘 수 있다.

2) 승객이 따지고 들거나 불평할 때

"쇼핑 가이드에는 있는데 왜 실리지는 않지?" 하고 불평하거나 따지고 들 때는 "제가 뭐 압니까? 그렇게 실어 주니 할 수 없죠."라는 식의 무책임한 말을 하거나 "옳소!" 하고 동조해서는 안 된다. 또는 "그것은요…", "아니죠." 하고 즉각 반론을 폈다가는 악화된 승객의 감정을 더욱 자극할 뿐이다.

그럴 땐 우선 그 이유를 재빨리 간파하여 승객이 오해를 하고 있다면 "선생님 말씀도 일리가 있습니다만…", "손님의 심정은 충분히 이해하고 있습니다만…" 식으로 우선 승객의 입장을 인정해 준 후 차근차근 설명하여 이해를 시켜야 한다. 그러나 승객의 요구가 정당하고 자신에게 잘못이 있었다면 즉시 용서를 구하고 성의를 다하여 해결해 줌으로써 언쟁으로 화나는 일이 없도록 하여야 한다.

3) 승객이 무리한 요구를 할 때

원칙에 어긋난 일을 부탁한다든가, 터무니없이 무리한 요구를 하면 그처럼 답답한 것이 없다. 싸움을 걸려고 일부러 무리한 요구를 하는 못된 승객도 없지 않겠지만, 대부분의 경우, 승객은 자신의 입장만 생각할 뿐 그 요구가 무리하다는 것은 알지 못한다. 이럴 때는 우선 승객의 입장을 충분히 이해하고 있음을 알려 준 후 승객이 납득할 수 있도록 차근차근 설명하여야 한다. 답답하고 짜증난다고 해서 "안 됩니다!" 하고 딱 잡아떼거나, "말도 안 되는 소리 말아요." 하는 식으로 무안을 주는 일이 있어서는 안 된다.

4) 모르는 것을 물어 왔을 때

확실히 알지 못하는 것을 승객이 물을 때 어물어물 넘기거나 틀린 대답을 해 주었다가는 나중에 문제가 크게 확대될 수 있다. "그것은 제가 잘 모르고 있습니다.", "죄송하지만 잠깐만 기다려 주십시오. 확실히 알아보고 알려 드리겠습니다." 또는 "사무장님에게 안내해 드리겠습니다." 하고 친절히 안내하여 확실한 답을 얻을 수 있도록 하여야 한다.

5) 거절해야 할 때

업그레이드* 등 분명히 거절해야 함에도 불구하고 그때만 모면할 생각으로 "잠시 후 다시 오겠습니다." 하고 미루었다가는 큰일 난다. 그런 경우 승객은 자신의 입장만 생각하고 "이번에는 틀림없이 되려니." 하고 미리 결론을 내려 버리기 때문이다. 또는 "사무장님이 안 된다고 하는군요." 하고, 나는 해 주려는데 상사가 거절하는 듯한 인상을 주었다가는 오해를 살 수도 있다. 그렇다고 관계규정만을 들먹인다면 너무 성의 없는 태도라 하겠다. 우선 승객의 입장을 인정해 준 후 공손한 태도로 "죄송합니다만, 이러이러한 사유로…", "모처럼의 말씀이신데, 이러이러한 이유로…" 하고 말을 이어 정중히, 그러나 분명히 거절하여야 한다. 가능하다면 "이건 이렇게 하시면 어떠시겠습니까?" 하고 대안을 제시하는 친절을 보여야 한다. 승객의 기분을 상하지 않게 거절할 줄만 안다면 당신의 화술은 합격점이라 할 수 있다.

6) 대화가 길어질 때

승객의 말에 맞장구를 치며 경청하다 보면 끝도 없이 말이 길어지는 경우가 많다. 일방적으로 끌려가자니 지루하고 피곤할 뿐만 아니라 일은 바쁘고 다른 일이 기다리고 있다. 그렇다고 '에라 모르겠다.' 하고 자리를 뜬다거나 "예, 알겠습니다." 하고 갑자기 말을 가로막으면 지금까지 경청한 노력이 수포로 돌아간다. 이럴 때 승객의 말문을 막으려면 적절한 질문을 던져 우선 상대방의 말을 멈추게 한 다음 상대방이 한 말을 간단히 요약하여 결론을 지어 끝내야 한다. "아… 그러니까 도착 후 제일 먼저 내리게 해 달라는 말씀이시군요. 원하시는 대로 해 드리겠습니다." 이런 식이다. 물론 상대방의 기분이 상하지 않도록 최대한 친절을 베풀면서 말해야 한다.

*** 업그레이드(Upgrade)** 이코노미(Economy)석에서 비즈니스(Business)석으로 옮기는 것과 같이 낮은 좌석에서 높은 좌석으로 옮기는 것.

6. 객실서비스 절차별 불만 대응

1) 이륙 전 서비스

(1) 무거운 짐 보관 요구

▶ 반입 불가 시

- 정중한 사과 → "손님, 죄송합니다만, 기내 반입 허용량보다 무게가 상당히 많이 나가는 것 같습니다."
- 수하물로 처리 → "안전을 위해서 이 짐은 수하물로 보내도록 하겠습니다. 혹시라도 깨지는 물건이나 귀중품이 있으면 직접 보관해 주시고, 탑승권을 주시면 제가 처리해 드리겠습니다."
- 탑승권과 수하물을 지상직원에게 인수인계 → 탑승권과 수하물 TAG을 승객에게 전달 → "오랫동안 기다리셨습니다. 손님 짐은 수하물로 보내질 것이며 도착 후 수하물을 찾는 곳에서 찾으시면 됩니다. 걱정하지 마시고 편안한 비행이 되길 바랍니다."

▶ 반입 가능 시

- 공간 확보 → "예! 잠시만 기다려 주시겠습니까? 제가 보관장소를 알아보겠습니다."
- 건장한 승객 → "실례하지만 잠시 도와주시겠습니까? 손님 이쪽에 적당한 보관장소가 있습니다. 이쪽에 보관하시겠습니까?"
- 노약자 → [다른 승무원의 도움 요청] "-님(씨) 잠시만 도와주시겠습니까?" [승객에게 위치 전달] "손님, 짐을 ~에 놓았으니 도움이 필요하시면 언제든지 말씀해 주십시오."

(2) 좌석 승급 요구

▶ 이륙 전

사무장에게 보고 후 지상직원과 컨택 → "손님 좌석 승급은 저희 승무원들이 결정할 수가 없으므로 지상직원을 불러 드리겠습니다. 잠시만 기다려 주시겠습니까?"

▶ 비행 중

"손님, 죄송합니다만, 좌석 승급은 저희 승무원들이 결정할 수 있는 일이 아니고 지상직원에 의해서만 요금 정산이 가능합니다. 그래서 비행 중에는 좌석 승급이 어려우므로 양해해 주시기 바랍니다." → 사무장에게 보고

(3) 예약 시 만석이었으나 좌석이 빈 경우

상황 판단 → 사무장에게 문의. 불확실한 경우 다음의 세 가지 상황이 있을 수 있음을 설명한다.

▶ 항공기 변경

"원래는 소형 항공기가 사용될 예정이었으나 운항 스케줄의 변화로 대형 항공기로 바뀌어 좌석의 여유가 많이 생긴 것 같습니다."

▶ 노쇼(No-Show)

"예약만 하시고 탑승을 하지 않은 승객들이 계셔서 좌석 여유가 생긴 것 같습니다."

▶ 공동운항(Code-Share)

"이 편수는 다른 항공사와 공동운항하는 편수이기 때문에 할당된 좌석 수 이상을 판매하지 못해 만석이라는 안내를 해 드린 것 같습니다. 이 점 양해해 주시기 바랍니다."

(4) 지상에서의 좌석 이동

▶ 문 닫기(Door Close) 전

"죄송합니다만, 아직 모든 승객이 탑승하지 않아 옮기시려는 좌석이 빈 좌석인지 확인할 수가 없습니다. 승객 탑승이 완료되면 알려 드리겠습니다."

좌석 여유가 있는 경우

"기다려 주셔서 감사합니다. 모든 승객이 탑승하셨습니다. 자리를 옮기셔도 됩니다."

좌석 여유가 없는 경우

"기다려 주셔서 감사합니다. 그런데 오늘은 만석이라서 좌석 여유가 없습니다. 다른 필요하신 것이 있으면 말씀해 주시겠습니까?"

▶ 이동(Taxing) 중

"지금은 항공기가 움직이고 있어서 위험합니다. 잠시만 기다리셨다가, 이륙 후에 자리를 옮기시겠습니까?"

(5) 좌석이 좁다고 불만을 표시

▶ 대체 좌석 확인(비행기 문이 완전히 닫힌 후)

빈 좌석이 있을 경우

"손님, ○○번 좌석(창가 측, 통로 측)이 비어 있습니다. 그 좌석을 이용하시겠습니까? 제가 안내해 드리겠습니다."

좌석이 없을 경우

"손님, 죄송합니다. 오늘 만석이라 여유좌석이 없습니다. 다른 필요하신 것이 있으면 말씀해 주시겠습니까?"

(6) 주요 신문 요구

여분이 있을 시

"기다려 주셔서 감사합니다. ○○신문 여기 있습니다. 더 필요하신 것은 없습니까?"

여분이 없을 시, 상위클래스에서 재고 파악 후

재고를 확보한 경우 → "기다려 주셔서 감사합니다. ○○신문 여기 있습니다. 더 필요하신 것은 없습니까?"
재고가 없는 경우 → (대체 신문을 가져온다.)"손님, 죄송하지만 손님께서 원하시는 신문이 모두 서비스되었습니다. 다른 분께서 다 보신 후에 가져다 드리겠습니다. 기다리시는 동안 다른 신문을 보시겠습니까?"

(7) 항공기 이동 중 휴대전화 사용

"손님 실례합니다만, 안전운항상 비행 중에는 휴대전화 사용이 불가합니다. 항공기가 완전히 멈춘 후 문이 열리면 사용해 주시기 바랍니다."

승객의 계속적인 휴대전화 사용 → (2차 제지) "손님 다시 한 번 부탁드리겠습니다. 아직은 휴대전화를 사용하시면 안 됩니다. 항공기가 완전히 멈춘 후 문이 열리면 그때 사용해 주십시오." → 사무장에게 보고

(8) 항공기 이동 시 화장실 사용

"손님, 실례합니다만 지금 저희 비행기는 이동 중에 있습니다. 손님의 안전을 위해 항공기가 완전히 멈추고 좌석벨트 사인이 꺼진 후 사용해 주시겠습니까?"

(9) 항공기 기름 냄새가 나는 경우

약간의 냄새만 날 때

"엔진 가동 시 연료가 연소되면서 나는 냄새로 안전운항에는 전혀 지장이 없으니 안심하시기 바랍니다."

냄새가 심할 때

사무장에게 보고 → 기내방송 실시

2) 비행 중 서비스

(1) 담요, 베개 추가 요구

담요 여분이 없는 경우

"손님, 오랫동안 기다리셨는데 죄송합니다만 담요가 전부 서비스되고 남아 있는 것이 없습니다. 제가 다시 한 번 온도를 확인해 보겠습니다. 뜨거운 차나 커피 한 잔 드시겠습니까?"

베개 여분이 없는 경우

"손님, 죄송합니다만 베개가 전부 서비스되어 남아 있는 것이 없습니다. 괜찮으시다면 담요를 몇 장 갖다 드릴 테니 이용해 보시겠습니까?"

(2) 상위클래스 용품 요구

“잠시만 기다려 주시겠습니까? 제가 확인해 보겠습니다.”

대체품이 없을 경우

“기다려 주셔서 감사합니다. 죄송합니다만, 말씀하신 ○○가 승객 수에 맞춰서 탑재되었기 때문에 여분이 없습니다. 혹시 다른 필요하신 물품은 없으십니까?”

대체품이 있을 경우

“대신 ○○은 어떠십니까? 필요하신 것이 있으면, 언제든지 도와드리겠습니다.”

(3) 기내식 이물질

“손님, 정말 죄송합니다. 제가 곧 새것으로 가져다 드리겠습니다. 잠시만 기다려 주시겠습니까?”
“기다려 주셔서 감사합니다. 조금 늦었지만 맛있게 드시기 바랍니다. 그리고 식사와 함께 와인이나 음료를 같이 드시겠습니까?”
“식사 맛있게 드셨습니까? 오늘 일은 회사에 보고하여 다시는 이런 일이 없도록 하겠습니다. 다시 한 번 사과드립니다.”

(4) 기내식 선택 불가

▶ Galley Duty 잔여 식사(Meal) 확인

잔여 식사가 있을 경우

"기다려 주셔서 감사합니다. 주문하신 식사 ○○○드리겠습니다. 맛있게 드십시오."

잔여 식사가 없을 경우

(다른 식사를 권유) "손님, 죄송합니다만, ○○○가 모두 서비스된 것 같습니다. 괜찮으시다면, △△△도 맛있게 준비하였으니 드셔 보시겠습니까?"

승객이 받아들인 경우

"감사합니다. 식사 맛있게 드시고, 다른 필요하신 것이 있으면 언제든지 말씀해 주십시오."

승객의 계속적인 불만이 있는 경우

"손님께서 원하시는 식사는 아니지만 혹시 다른 종류의 식사가 있는지 확인해 보겠습니다."

(상위 클래스의 잔여 식사에서 대체상품 확인 후)
"기다려 주셔서 감사합니다. 지금 □□□가 있습니다. 괜찮으시다면 □□□를 드시겠습니까?"

(5) 어린이탑승기념품 부족

서비스가 가능한 경우

"안녕하세요! 언니(누나)가 예쁜 선물 줄게요!"

장난감 부족으로 서비스 불가인 경우

(어린이에게)
"어떡하죠? 언니가 오늘 선물을 주지 못하겠네요. 집으로 꼭 보내 줄게요."

(보호자에게)
"손님, 오늘은 기념품이 부족하게 실려서 드리지 못해 죄송합니다."

(어린이탑승기념품 우송요청서 작성 및 대체품으로 엽서나 낙서할 종이 등을 제공)
"주소와 성함을 말씀해 주시면 기념품을 댁으로 꼭 보내 드리겠습니다. 대신 아이가 심심하지 않게 제가 그림 그릴 종이를 가져다 드릴까요?"

(6) 코 고는 승객

코 고는 승객에게 조용히 말한다

"손님, 실례하겠습니다. 많이 피곤하신 것 같습니다. 죄송하지만 주변 손님들께서 조금 불편해하시는 것 같습니다." (옆으로 눕거나 자세를 바꾸면 개선될 수 있음을 안내한다.)

계속해서 코를 골 경우 주변 승객에게 양해를 구한다

"죄송합니다. 저분께 양해의 말씀을 드렸습니다만, 손님께서 많이 피곤하신 것 같습니다. 기내에 귀마개가 준비되어 있는데 필요하시면 가져다 드리겠습니다."

(7) 주변 승객 불만

아이 울음

"손님, 아이가 아직 어려서 아기 엄마와 저희 승무원들이 애를 쓰는데도 진정이 되지 않는 것 같습니다. 혹시 필요하시면 귀마개를 가져다 드릴까요?"

시끄러운 승객

"약주가 과하셨는지 목소리가 커지신 것 같습니다. 저희가 계속 말씀드리고 있으니 불편하시겠지만 잠시 기다려 주십시오. 혹시 필요하시면 귀마개를 가져다 드릴까요?"

▶ 승객이 다른 좌석을 요구할 경우

좌석 여유가 있을 경우

"손님, ○○에 빈 좌석이 있습니다. 제가 안내해 드리겠습니다."

좌석 여유가 없을 경우

"손님, 죄송합니다만, 오늘 만석이라서 좌석의 여유가 없습니다. 귀마개를 사용하시겠습니까?"

(8) 창 커튼 개방

(음료나 간식 등을 권유하며) "손님, 차라도 한 잔 드시겠습니까?"

(차를 서비스하며) "손님, 죄송합니다만 창문을 조금 닫아 주실 수 있으시겠습니까? 지금이 취침시간이라 창문을 열어 두시면 빛이 새서 많은 분들이 불편해하시는 것 같습니다. 대신 독서등을 켜 드리겠습니다."

"협조해 주셔서 감사합니다."

(9) 난기류가 있는 상황

"손님, 지금 비행기가 많이 흔들리고 있으니(예정이오니) 손님의 안전을 위해서 좌석벨트 사인이 꺼질 때까지 좌석에 앉아 좌석벨트를 매 주시겠습니까?"

"날씨가 맑은 경우에도 공기의 흐름이 불안정하면 비행기가 흔들릴 수 있습니다. 이러한 때에는 예측이 어렵기 때문에 지금같이 갑작스럽게 비행기가 흔들리는 경우가 있습니다. 비행기 안전에는 이상이 없으므로 안심하시고, 좌석에 앉아 계실 때에는 안전을 위해 항상 좌석벨트를 매 주시기 바랍니다."

가벼움(Light)	중간(Morderate)	심함(Severe)
음료수가 컵 안에서 찰랑거림	음료수가 컵 밖으로 넘침	물건이 바닥으로 떨어짐
벨트에 복부가 약간의 압박을 느낌	복부의 압박을 느낌	복부가 벨트에 의해 강하게 조여짐
Fasten SeatBelt 사인 1회	Fasten SeatBelt 사인 2회	Fasten SeatBelt 사인 2회
서비스 지속	서비스 중단	서비스 중단

도표 8.2 | 기류 변화(Turbulence)의 종류

* Clear Turbulence: 맑은 날씨 속에서 나타나는 예상할 수 없는 Turbulence

(10) 의복 손상 및 오염

승무원 귀책 사유

"손님, 괜찮으십니까? 대단히 죄송합니다." "손님, 괜찮으십니까? 제가 좀 더 주의를 했어야 했는데 정말 죄송합니다." "닦을 것을 빨리 가져다 드리겠습니다. 혹시 필요하시면 세탁할 수 있는 클리닝 쿠폰을 드리겠습니다."

승객 귀책 사유

"손님, 괜찮으십니까? 닦을 것을 빨리 가져다 드리겠습니다. 혹시 더 필요하신 것은 없으십니까?"

▶ 좌석의 추가 오염 시

좌석 여유가 있을 경우

"죄송합니다. (구체적인 위치를 알리며) ○○좌석이 비었는데 그쪽으로 안내해 드리겠습니다. 옮기시겠습니까?"

좌석 여유가 없을 경우

"죄송합니다. 오늘 좌석이 만석이라서 자리를 바꿔 드리지 못할 것 같습니다. 대신 불편하시지 않도록 제가 담요를 깨끗이 깔아 드리겠습니다."

(11) 개인 소지 주류

"손님, 죄송합니다만, 기내에서는 저희 항공사가 제공하지 않은 알코올성 음료는 마실 수 없게 되어 있습니다. 그리고 저희가 제공하는 알코올성 음료도 제한하여 드리고 있습니다. 이는 손님께서 과음을 하셔서 일어날 수 있는 사고를 사전에 방지하여 쾌적한 기내환경을 유지하고자 하는 것입니다. 적극 협조해 주시기 바랍니다."

(12) 기내 면세품 품절

"손님, 전 객실을 확인해 보았으나, 전부 판매되고 현재 남아 있는 물건이 없습니다. 괜찮으시다면 다른 상품으로 골라 보시는 것은 어떠십니까?"

"혹시 다른 분께서 이 물건을 교환하시겠다고 하실 경우 손님께 제일 먼저 가져다 드리겠습니다."

(13) 기내 담요 냄새

"불편을 끼쳐 드려 죄송합니다. 모든 노선에는 새로 세탁된 담요만 탑재하고 있지만 장마철 습한 날씨로 인해 건조가 덜 되어 나는 냄새인 것 같습니다. 곧 다른 담요로 바꿔 드리겠습니다. 잠시만 기다려 주시기 바랍니다."

(잠시 후) "손님, 여기 새 담요 가져왔습니다. 어떠십니까?"

(14) 에어컨 누수

"죄송합니다. 많이 젖으셨습니까? 우선 젖은 곳부터 닦아 드리겠습니다."

"여름철 에어컨 때문에 간혹 발생하는 문제로 외부의 더운 공기가 에어컨 기기 주변에 달라붙어 물방울을 형성하고 있다가 항공기 이(착)륙 시에 객실로 떨어진 것 같습니다."

▶ 좌석이 젖은 경우

좌석 여유가 있는 경우

"의자가 많이 젖었으면 좌석을 바꿔 드릴까요?"

만석인 경우

"제가 의자의 젖은 곳을 닦아 드리겠습니다. 그리고 오늘 공교롭게도 빈자리가 없는 관계로 의자의 커버를 바꿔 드리고 담요를 깔아 드리겠습니다. 괜찮으시겠습니까?"

3) 착륙 후 서비스

(1) Hard Landing

"오늘 착륙이 고르지 못했던 것은 날씨가 좋지 않아(활주로 길이가 짧아, 활주로 노면상태가 좋지 않아) 활주로 노면과 마찰을 높임으로써 보다 더 안전하게 내리기 위해서였습니다. 이해해 주시기 바랍니다."

(2) Remote 하기

"오늘은 공항청사의 게이트가 모두 사용 중이라 계단을 이용하셔야 됩니다. 다소 불편하시겠지만 내리실 때 계단 조심하시기 바랍니다."
"지금 비가 오고 있어 계단이 몹시 미끄럽습니다. 내리실 때 주의하시기 바랍니다."

Stepcar를 이용하여 내리는 것을 Remote 하기라고 한다.

항·공·상·식

항공기 모양

이는 달걀 껍데기의 내압성 원리를 이용한 것이다.

엔진의 출력이 증대되어 속도가 점차 빨라지면서 동체에 가해지는 무게도 점차 커지자 더 이상 단순한 구조로는 감당할 수 없게 되었다. 그래서 1912년 무렵부터 동체는 둥근 유선형으로 바뀌었다. 이것은 무게를 늘리지 않고도 강도를 높여 외부로부터 가해지는 모든 무게나 힘을 달걀 껍데기 모양을 한 외판이 받도록 하는 구조이며, 바로 모노코크 구조의 동체이다. 모노코크는 희랍어의 모노(Mono)와 프랑스어의 코크(Coque)를 합친 말로 모노는 하나를, 코크는 달걀과 같은 빈 껍데기를 의미한다.

집을 지을 때 기둥이나 대들보가 힘을 받게 하려면 많은 기둥과 대들보가 필요하고 또한 굵어야 하지만 집이나 건물의 벽 전체가 힘을 받게 하면 기둥이 필요 없을 뿐 아니라 건축자재도 적게 든다. 달걀은 아주 얇은 껍데기로 외각을 이루고 있으면서 적당한 강도를 유지하고 있다. 그러면서 외각에는 기둥, 즉 골격이 전혀 없다.

이러한 달걀 껍데기의 원리는 터널의 구조에도 응용된다. 수 킬로미터에 달하는 터널이 기둥 하나 없이도 버틸 수 있는 것은 달걀의 껍데기가 가지는 역학구조를 응용했기 때문이다. 항공기의 동체도 모든 외부의 힘이나 무게는 기체의 뼈대와 외판이 받게 되어 있다.

그런데 이 외판의 두께가 생각보다 매우 얇다는 것을 알면 놀라지 않을 수가 없다. B-747 동체의 외판은 그 두께가 위치에 따라 다소 두꺼운 곳도 있지만 가장 얇은 곳은 1.6밀리미터밖에 되지 않는다. 그 안쪽으로 두께 1.5센티미터의 방음단열재가 있고 그 안에 다시 내장용 패널이 붙어 있지만 강도를 뒷받침하는 외판은 아주 얇다.

이것은 달걀 껍데기가 얇은 것과 그 원리가 같으며, 항공기의 동체에 모노코크 구조를 사용하는 이유도 이러한 특징 때문이다.

WORK SHEET

1. 고객 불만으로 인한 국내외 객실서비스 실패 사례를 조사하여 팀원들과 발표해 보세요.

04

항공객실서비스 사례 연구

CHAPTER 09 고객 칭송 사례

CHAPTER 10 고객 불만 사례

PART 04 한눈에 보기

PART 4
항공객실서비스 사례 연구

- Chapter 09 고객 칭송 사례
- Chapter 10 고객 불만 사례

항공객실서비스 사례 연구

항공운송산업에서 서비스 품질에 대한 관심과 품질향상에 대한 노력은 끊임없이 논의되고 있으며, 학계에서는 항공사 수익과 연관성이 깊은 항공서비스품질에 따른 고객만족도를 측정하고자 하는 연구가 끊임없이 이루어지고 있다.

최근 국내 항공사 이용 승객들의 성향은 과거에 비해 매우 다양해졌고, 개인적인 기대가치의 요구 증가로 인하여 고객 기대수준을 충족시키고자 하는 노력은 날로 어려워지고 있는 실정이다.

이러한 환경의 변화로 항공사는 생존을 위협받고 있음과 동시에, 치열한 경쟁 환경 속에서 지속적인 비즈니스를 영위하기 위하여 직간접적으로 경영성과에 영향을 미치는 고객만족도를 향상시키기 위한 운영전략을 모색하고 있다.

이와 같이 고객과의 관계 형성은 기업의 지속적인 성장과 수익성에 매우 중요한 영향을 미친다. 따라서 기존고객의 기대가치를 충족시키고 고객의 불만이 발생했을 때 빠른 대응으로 서비스회복이 가능함으로써 기존고객을 유지할 수 있으며, 기존고객의 경험에 의한 구전효과로 신규고객의 유입을 확대할 수 있다.

항공여행을 하는 고객에 의해 평가되는 항공객실서비스 품질은 기내에서 객실승무원이 서비스를 제공하는 동안 고객이 느끼는 만족도와 목적지에 도착하기까지 전반적인 여행 프로세스에 대해 고객이 느끼는 만족도를 의미한다. 그러므로 서비스 실패에 대한 효과적인 회복 노력은 항공사의 품질 평가와 수익과도 직결되므로 이에 따른 효율적인 대응방안(예: 가이드라인, 회복 절차, 피드백 등)을 통한 회복 노력이 필요하다.

먼저, 항공객실서비스의 서비스 프로세스에 따른 분류를 통한 고객 칭송 사례를 가지고 고객만족을 위한 객실승무원의 노력과 고객이 감동받은 서비스의 핵심은 무엇인지 살펴본다. 그리고 이어지는 장에서는 항공객실서비스 고객 불만 사례를 중심으로 서비스 실패에 대한 각 사례의 구체적인 불만 원인을 살펴보고, 서비스 회복에 대한 실패의 원인을 분석하여 불만 대응 절차와 고객만족도를 향상시킬 수 있는 객실승무원의 해결방안을 도출하여 객실승무원의 기내 서비스 대화를 실습해 본다.

CHAPTER 09

고객 칭송 사례

Olga Visavi/Shutterstock.com

사례 1 탑승 및 이륙 전 서비스

세심한 배려를 위한 객실승무원의 노력은 어떠했는가?

출발 예정시간 6분 전에 탑승하여 긴장된 마음이었는데 활짝 웃으며 인사하는 승무원을 보고 긴장을 풀 수 있었습니다. 더불어 구석구석 깨끗하게 정돈된 기내, 단정히 서서 상냥하게 미소 짓는 승무원, 늘 받던 인사도 남다르게 좋은 느낌을 받았습니다.

특히 기억에 남는 것은 주어진 상황에서 최선을 다해 승객을 위해 배려해 주는 귀사의 서비스 정신입니다. 일행이 여러 군데로 좌석을 나누어 배정받아 안내를 부탁하자 기다렸다는 듯이 밝게 지정 좌석으로 안내하였고, 아이들이 답답하게 느껴 창가 쪽에 앉게 해 달라고 졸라, 부탁하자 "현재 창가 쪽 빈 좌석이 없어 곤란하나 승객의 양해를 구해 보겠다"고 한 후 잠시 후 해결해 주었습니다. 어떤 승객이 불만사항을 계속 이야기하자 끝까지 그 이야기에 귀 기울여 들으며 "회사에 보고 후 잘못된 점을 시정토록 하겠다"며 친절하면서도 책임 있는 답변과 진정한 서비스 정신을 보이자, 그 승객도 더 이상 불만을 이야기하지 않았습니다.

바쁜 상황에서도 아이들의 질문에 앞의 멀티비전을 보며 충실히 답변해 주었습니다.

귀사가 업계에서 서비스나 신뢰도에서 우위를 구축하고 있음을 알지만 이번을 계기로 확인하였습니다. "역시 ㅇㅇ항공이구나. 계속 ㅇㅇ항공을 이용하겠다"고 말입니다.

활동

1. 객실승무원이 칭송받은 점은 무엇일까?

2. 내가 승무원이라면 어떤 서비스를 추가하면 좋을까?

3. 나만의 기내 서비스 대화 만들기

사례 2 탑승 및 이륙 전 서비스

항공사는 다르지만 같은 직무의 객실승무원으로서 어떤 점이 감동을 주었을까?

안녕하세요.
저는 에미레이트항공에 근무하고 있는 객실승무원 ○○○라고 합니다. 그동안 에미레이트뿐만 아니라 싱가포르항공, 타이항공 등 여러 항공사를 이용해 봤지만, 오늘처럼 이렇게 편안하고 기분 좋게 여행한 적은 없는 것 같습니다. 다름이 아니라 이코노미에 계신 승무원에게 감사하다는 말씀을 꼭 전하고 싶습니다.
같은 계열에서 일하는 터라 타 항공사 서비스를 항상 유심히 보고 있는데 ○○항공 승무원들 서비스하는 모습에 많은 것을 느끼고 감동받게 되네요.
제가 자리에 앉은 후, 승무원께 오늘 만석이냐고 여쭈어 보았습니다. 그러자 승무원께서 자리가 추우시면 통로 쪽으로 옮겨 드릴 수 있는지 알아봐 주겠다고 하시더군요.
자리가 어딘지 말씀드리지 않았는데도….
일부러 저를 찾아와 신경 써 주었다는 사실에 너무 놀라고 감사했습니다.
저뿐만 아니라 다른 승객들께도 항상 즐거운 표정으로 웃으며 일하던 그 승무원의 모습이 참 인상 깊었습니다. 승객 한 분 한 분을 마치 가족을 대하는 듯한 느낌이었습니다.
여러 승무원들 중 단연 돋보이시더군요.
같은 한국인으로서 긍지를 느낍니다.

활동

1. 객실승무원이 칭송받은 점은 무엇일까?

2. 내가 승무원이라면 어떤 서비스를 추가하면 좋을까?

3. 나만의 기내 서비스 대화 만들기

사례 3 비행 중 서비스

고객이 감사했던 객실승무원의 노력과 칭송의 원인은 무엇일까?

저희 애가 국적기를 타고 미국에 다녀왔습니다.
부모 없이 혼자 12시간 넘게 비행기를 타야 했기에 너무나 걱정이 되었습니다. 정말 감사합니다.
아이의 기분, 식사메뉴, 특이사항 등을 자세히 알려 주셔서 가슴이 찡했습니다. 바쁜 기내 업무 중에도 우리 애를 눈여겨 살펴 주셨구나 하는 생각에 너무 감사했습니다.
다음에 아이 혼자 보낼 일이 있을 때 국적기 UM서비스를 꼭 다시 이용해야겠다는 생각을 했습니다.
그리고 주위 사람들에게도 적극 추천해야겠다는 생각이 들었습니다. 다시 한 번 감사드리며, 귀사의 영원한 번창을 기원 드립니다.

활동

1. 객실승무원이 칭송받은 점은 무엇일까?

2. 내가 승무원이라면 어떤 서비스를 추가하면 좋을까?

3. 나만의 기내 서비스 대화 만들기

사례 4 비행 중 서비스

세심한 배려를 위한 객실승무원의 노력은 어떠했는가?

어느 날 밴쿠버에서 서울로 향하는 비행기에 서양인과 나란히 앉게 되었다.
그 서양 신사분은 ㅇㅇ항공을 늘 애용하며 여행이 끝나면 항상 여행 후기를 홈페이지에 보낸다고 했다.
그 얘기를 들으며 느낀 것은 나도 항상 국적기를 타고 서비스를 받으면서도, 고맙다고 생각은 했지만 귀찮아서 그렇게까진 하지 않았다는 사실을 알고 무성의했었다는 것을 반성한 적이 있다.
오늘 서울에서 사업을 하는 나는 밴쿠버에 있는 가족과 떨어져 일하러 가는 착잡함과 의무감이 섞여, 또 어떻게 긴 지루한 비행시간을 견딜까 고민했다. 하필 어제 내가 없는 가족을 위해 김치를 담다가 허리까지 삐어서 고통스러웠다. 비행기에서 맞아 주는 승무원들의 미소, 늘 그렇듯 잘 훈련되었다고 느꼈다. 그런데 그중 유난히 맑은 미소와 친절한 말투의 승무원을 봤다. 훈련된 미소일까 의심도 했지만, 식사시간, 그 외 모든 서비스가 완벽했다. 직업상 출장이 많아 많은 비행기를 타지만 마음에서 우러나오는 서비스를 하는 승무원을 만나면 피로가 풀리고 정말 즐겁다.
같은 메뉴의 식사도 더 맛있고….
그래서 여행은 어디를 가느냐보다 누구와 가느냐에 따라 다르다고 했나? 승무원은 그런 면에서 여행의 동반자라고 생각한다.
아무쪼록 이번 여행길을 빛내 준 승무원과 사무장님께 감사를 전하고 싶다.
자국기의 자부심을 느끼게 해 준 항공사에도 감사하고 싶다.

활동

1. 객실승무원이 칭송받은 점은 무엇일까?

2. 내가 승무원이라면 어떤 서비스를 추가하면 좋을까?

3. 나만의 기내 서비스 대화 만들기

사례 5 비행 중 서비스

고객이 감사했던 객실승무원의 노력과 칭송의 원인은 무엇일까?

부모님을 모시고 방콕으로 출발하는 당일, 서른한 번째 생일이었습니다. 이벤트 겸 해서 생일케이크를 주문하게 됐죠.

큰 기대는 안 했는데 탑승을 하고 자리에 앉으니 승무원이 확인을 하더라고요.

"생일 축하드립니다."라는 축하인사와 함께….

맛있는 케이크도 좋았지만 더욱더 감동이었던 건 생일카드였습니다. 한 자 한 자 마음을 담아 자필로 써 주신 생일카드가 왜 그리 고맙던지요. 요즘 카드나 편지를 주고받는 일이 드물잖아요.

맛있는 케이크와 샴페인, 그리고 예쁜 생일카드는 제 생일을 더욱 기쁘게 만들어 준 것 같습니다.

기내에서의 아주 특별하고 기분 좋은 생일을 만들어 주신 승무원들에게 진심으로 감사드립니다.

앞으로도 항공사의 무궁한 발전이 있길 기원하며….

저와 함께한 승무원님들 모두 행복하시길 바랍니다.

활동

1. 객실승무원이 칭송받은 점은 무엇일까?

2. 내가 승무원이라면 어떤 서비스를 추가하면 좋을까?

3. 나만의 기내 서비스 대화 만들기

사례 6 착륙 후 서비스

고객 감동의 원인과 객실승무원의 노력은 무엇인가?

안녕하세요. 미국 LA에 사는 ○○○이라고 합니다.
저의 10살 아들은 #011편으로 인천공항에서 오후 7시 30분에 출발하여, 미국 로스앤젤레스에 같은 날 오후 2시 55분에 도착하는 UM 서비스를 받았습니다.
아들한테 ○○○이라는 (같은 비행기를 타고 UM 서비스를 하여 주신 직원 같습니다.) 직원의 편지가 패스포트를 같이 넣는 노란 비닐 봉투 속에 들어 있었습니다.
아들한테 물었지요. 어땠냐고요….
영화 볼 때, 모니터가 안 나와서 고쳐 준 누나가 있었다고 하더라고요. 그리고 그 누나가 Too Nice하다고 하면서, 자기 누나 하면 안 되겠냐고 하더라고요. 비행기에서 처음부터 끝까지 돌보아 준 누나라고….
그 승무원은 제가 만난 적도 없고, 친척이나 가족 또는 아는 사람도 아닙니다. 이야기를 아들한테 듣고 나서… 너무 감사했고요.
물론 항공사 모든 직원이 UM 케어 서비스를 할 때, 이런 편지를 항공사 직원이 해당 손님의 가족들에게 전하여 주는 것을 알지만, 특별히 따뜻한 마음을 가진 직원 같군요.

인사고과에 저의 작은 편지가 첨부되었으면 하는 마음으로 편지를 씁니다.
감사합니다.

미국 LA에서

활동

1. 객실승무원이 칭송받은 점은 무엇일까?

2. 내가 승무원이라면 어떤 서비스를 추가하면 좋을까?

3. 나만의 기내 서비스 대화 만들기

사례 7 승객 하기 후 관리

고객이 감사했던 객실승무원의 노력과 칭송의 원인은 무엇일까?

LA에서 일등석을 타고 귀국하던 중에 경험한 일을 몇 자 적습니다.
승무원의 최선의 서비스로 회사가 잘된다는 생각을 늘상 합니다.
승무원 모두가 성심으로 친절하게 서비스해 주어 감사했습니다.
그런데 이번에는 좌석 옆에 둔 시계가 없어져 찾다 포기했는데 ㅇㅇㅇ이란 승무원이 의자를 뜯어내 가며 열성을 보였는데 찾아도 나오지 않아 결국 포기하게 되었습니다.
결국 ㅇㅇㅇ사무장이 또다시 뜯어 보고 나섰는데도 찾지 못하여, 나중에 도착한 정비사에게 맡기고 나에게 연락드리겠다는 최선의 서비스 정신을 보여 주어 미안하고 감사했습니다.
나중에는 ㅇㅇㅇ씨가 의자 뒤에 있는 매거진 백 내부를 뒤지며 찾아 주던 모습을 보고 승무원 정신에 감명받아 일자 올리니 칭찬과 격려해 주시면 좋겠습니다.

활동

1. 객실승무원이 칭송받은 점은 무엇일까?

2. 내가 승무원이라면 어떤 서비스를 추가하면 좋을까?

3. 나만의 기내 서비스 대화 만들기

사례 8 항공 서비스 매너

고객이 감사했던 객실승무원의 노력과 칭송의 원인은 무엇일까?

위층의 (PR/C) 자리가 많이 비어 밑에 있는 할머니 한 분이 제 건너편 좌석에서 쉬고 있었습니다.
위층 좌석에 대해 설명을 하고 음료수 한 잔을 대접하고 아래로 내려보내는데 두 여승무원이 할머니를 감싸 안고 한 걸음 한 걸음 계단을 내려가는 모습을 보며 저는 잔잔한 감동을 받았습니다.
결혼한 입장에서 그 모습을 보니 마치 저의 친정어머니께 잘해 주는 것 같은 착각을 하게 되었어요.
정말 기쁘고 아름다운 모습이었습니다.

활동

1. 객실승무원이 칭송받은 점은 무엇일까?

2. 내가 승무원이라면 어떤 서비스를 추가하면 좋을까?

3. 나만의 기내 서비스 대화 만들기

항·공·상·식

항공기 바퀴

항공기 타이어 가격은 과연 얼마나 될까? 순수 타이어 가격은 통상 100~150만 원 수준이고 타이어와 함께 조립되어 바퀴를 구성하는 알루미늄 휠 가격이 1,300만 원 정도이므로 항공기 바퀴 하나 가격이 고급 승용차 한 대 값에 맞먹는 고가이다.

일반 자동차는 예비용 타이어를 차 내에 장착하고 운행하는 것이 기본이다. 마찬가지로 항공기도 타이어 교환 필요시 신속한 조치를 위해 알루미늄 휠과 타이어가 조립된 상태로 후방 화물칸에 스페어 타이어를 싣고 다니거나 노선에 따라 편의상 국내외 정비기지에 스페어 타이어를 비치하는 경우도 있다.

항공기 타이어는 매일 적정 압력 유지 여부를 확인해야 하며 매 착륙 시 타이어 외부에 컷(cut) 등 결함 흔적 및 마모 한계(wear limit) 초과 여부를 면밀히 점검해야 한다. 만일 이상이 발견되었을 시 항공기에서는 휠과 타이어가 조립된 상태로 장탈 및 장착하며 휠과 타이어의 분리 및 조립, 수리는 인가된 전담 작업장(wheel shop)에서 이루어진다.

항공기 타이어는 정상 마모에 의한 교환 기준으로 바이어스 타이어의 경우 평균 약 250회 착륙 수(landing cycles), 레디얼 타이어는 약 350회 착륙 수까지 사용되고, 기종에 따라 약간 차이는 있으나 통상 2~3개월 사용한다. 또한 타이어 트레드상의 홈(groove) 바닥까지 마모되면 교환하게 된다.

항공기 타이어는 항공기 운항에 있어 비행의 시작과 마지막 순간에 가장 중요한 역할을 담당하는 핵심 부품으로 안전운항의 성패를 가늠하는 절대적인 기능을 맡는다. 따라서 성능 향상을 위한 지속적인 연구 개발이 계속될 것이다.

WORK SHEET

1. 객실승무원의 마음을 담아 UM에게 고객 감동의 편지를 작성해 보세요.

CHAPTER 10

고객 불만 사례

Olga Visavi/Shutterstock.com

항공객실서비스의 다양한 고객 불만 사례를 살펴볼 때, 서비스 회복을 위한 최선의 해결 방안은 객실승무원의 서비스 역량에 달려 있다고 해도 과언이 아닐 것이다. 특히 기내에서 일어나는 객실승무원의 응대가 고객과 가장 직접적이고 긴밀한 접점에 있는 중요한 경쟁 요소 중 하나로 평가되고 있으므로 고객 대응 사례를 통한 해결 방안에 대한 이해는 매우 중요한 의미를 가지고 있다고 할 수 있다. 그러므로 고객 불만 사례를 해결하기 위해서는 다음과 같은 프로세스가 필요하며, 고객만족도를 향상시킬 수 있는 방안의 모색이 필요하다.

고객 불만 해결 프로세스

고객 불만 해결 방안을 도출하는 과정을 보여 주는 아래 사례 예시 1~3을 참고하여 고객 불만 사례들을 중심으로 서비스 실패 유형과 고객 불만 원인을 분석하여 대응 절차를 살펴보고, 서비스를 회복하기 위한 객실승무원의 역량과 해결 방안을 모색해 보도록 한다.

사례예시 1 항공객실서비스 안전관리

항공객실서비스 안전관리 고객 불만 사례로, 안전관리가 실패하게 되는 경우는 일반적인 사항이라기보다 통제가 되지 않는 부분으로 객실승무원의 관심과 안전 대응 매뉴얼 숙지가 사전에 이루어진다면 서비스 실패를 예방하고, 고객 불만을 최소화할 수 있을 것이다.

따라서 기내 안전관리에 대한 정보를 고객에게 제공함으로써 안전운항을 위한 동의와 협조가 필수적임을 인지시키고, 전달과정에서 감정적인 오해가 생기지 않도록 주의하여 서비스를 제공해야 한다.

항목	항공객실서비스 안전관리
사례 이해	착륙 시, 3살 아이가 좌석에 누워 자고 있어 승무원이 승객에게 안전을 위해 아이를 일으켜 좌석벨트를 매 달라고 요청하였다. 승객은 아직 어린아이라서 깨우면 착륙 시 내내 울고 쩔쩔매야 하는 상황이 온다고 설명하였으나, 승무원은 위압적인 태도로 아이를 깨워 달라고 요청을 하였고, 결국 아이를 깨우게 되어 착륙하는 내내 아이가 난리를 피웠다. 이후 승객의 협조에 대한 승무원의 감사 인사나 아이를 달래려고 하는 행동조차 보이지 않아 불만을 키우게 되었다.
원인 분석	① 착륙 전 안전규정에 대한 협조 요청 시 승무원의 태도, 목소리, 표정 등이 위압적이었음 ② 적절한 응대와 추후 관리를 하지 않음
대응 절차	▸ 올바른 안전벨트 착용 요청 후 승객의 입장 공감 및 이해 ▸ 착륙상황 설명 ▸ 안전규정 설명 ▸ 협조 감사 인사
해결 방안	① 유/소아 동반 승객에게 착륙시간 등 정보를 미리 알려 주고, 서서히 착륙 준비를 할 수 있도록 도움 ② 안전규정에 관한 안내와 안전업무에 맞는 태도 유지 ③ 유/소아 동반 승객에게 적극적으로 도움을 제공하고, 지속적인 관리 지원 ④ 안전관리에 대한 사전 예방 매뉴얼 제공

- **기내 서비스 대화**

> **아이 동반 승객**
>
> "실례하겠습니다. 곧 착륙예정이므로 좌석벨트를 매 주시기 바랍니다. (승객이 아이가 누워 잘 수 있도록 양해 구함) 죄송합니다만, 어린이의 안전을 위해 좌석벨트를 매 주십시오. 안전규정상 착륙을 위해 모든 승객이 좌석벨트를 매야 합니다. 협조해 주셔서 감사합니다."

사례예시 2 항공객실 탑승 전 서비스

항공객실 탑승 전 서비스 고객 불만 사례로, 항공기 운영 기준에 의해 이륙 전, 여름철이나 겨울철에 자주 발생하는 기온에 대한 일반적인 불만 사례이다. 이러한 경우 고객에게 안전규정과 관련한 사유에 대한 설명과 개별 고객의 요구사항에 맞는 응대를 하고, 불가능한 경우는 대체 가능한 서비스와 친절하고 적절한 답변을 통하여 고객의 이해를 돕는 행동을 해야 할 것이다.

항목	항공객실 탑승 전 서비스
사례 이해	승객은 비행기 탑승 후 본인이 평소 느꼈던 기내 온도보다 객실이 더워 승무원에게 객실 온도가 높은 것 같다고 말했다. 승무원은 "원래 항공기 이륙 전에는 에어컨이 가동되지 않는다."라고 설명하며 더우면 차가운 물 한 잔을 가져다주겠다고 했다. 승객은 자신의 의도와 다른 답변과 무시하는 느낌을 받아 승무원의 태도에 불쾌함을 느꼈다.
원인 분석	① 승객의 안전 및 쾌적한 기내 환경에 관련된 성급한 의도 파악 ② 무성의하고 경솔한 답변

대응 절차	▶ 고객 요구사항 경청 후 기내 온도 확인 ▶ 기내 적정 온도에 대한 안내 ▶ 대체서비스를 통한 승객 안정 유도 ▶ 해당 승객 및 주변 상태 파악 및 사무장 보고
해결 방안	① 기내 환경 관심에 감사 인사 및 질문에 대한 정확하고 충분한 설명 제공 ② 안전규정상의 이유로 불편을 초래한 경우, 사유 설명과 함께 찬 음료와 찬 물수건으로 대체서비스 제공 ③ 승객의 안전관리와 쾌적한 기내 환경 조성에 지속적으로 힘씀

● 기내 서비스 대화

기내 온도 안내

"손님, 기내가 많이 더우십니까? 불편을 끼쳐 드려 정말 죄송합니다. 손님께서 우려하시는 안전상의 문제는 없는지 한번 확인해 보고 오겠습니다."

(사무장에게 보고, 확인 후)
"손님, 확인해 본 결과 현재 기체에는 문제가 없습니다.
안심하고 비행 준비하시면 될 것 같습니다. 현재 기내 온도는 안전상의 이유로 적정 온도를 유지해야 하기 때문에 손님에 따라 체감 온도가 다르실 수 있습니다. 기내 온도 조절은 어려우나, 더우시다면 제가 손님의 열을 식히실 수 있는 시원한 음료를 제공해 드리도록 하겠습니다. 더 필요하신 것이 있으면 말씀해 주십시오."

사례예시 3 항공객실 비행 중 서비스

항공객실 비행 중 서비스 고객 불만 사례로, 객실 오락물시스템 불량에 따른 승객의 불편에 관련된 사례이다. 이와 같은 문제 발생 시 시스템 고장 문제해결 규정(trouble shooting)에 맞는 대응 절차에 따라 신속하게 시스템 복구를 위해 노력해야 한다. 또한 이 경우는 승객 탑승 전 기내 시설물에 대한 점검을 통해 1차적으로 예방되어야 한다.

동일한 문제가 지속적으로 발생할 때에는 해당 승객에게 진심 어린 사과와 양해를 구하고, 담당클래스 승무원들과 조치사항에 대한 정보를 공유한 후, 좌석의 여유가 있을 경우 안정된 좌석으로 변경하여 고객 불편이 최소화될 수 있도록 해야 한다.

항목	항공객실 비행 중 서비스
사례 이해	AVOD(audio, video on-demand, 기내 오락 서비스 제공 모니터)의 전원이 켜지지 않자 승무원에게 문의했고, AVOD가 재부팅 후에도 작동하지 않아 또 다른 승무원을 호출했다. 그 승무원은 한국인을 중국인으로 오해해 중국어로 응대하면서 승객의 불쾌함을 가중시켰다. 결국 다른 승무원에게 자리를 옮기겠다고 말하여 이륙 후 자리를 옮겼지만 승무원들의 잦은 사과는 오히려 더 불편함을 초래했다.
원인 분석	① 승객 신원에 대한 주관적인 판단으로 인한 미숙한 응대로 화를 부추김 ② 승무원 간의 소통이 부족하여 부적절한 사과 대처
대응 절차	▶ AVOD 상태 확인 ▶ 재부팅 소요 시간 안내 ▶ 대체서비스 제공 ▶ 사무장 보고 ▶ 복구 상태 확인 ▶ (재부팅 실패 시) 재차 양해 ▶ 자리 변경 및 대체서비스 제공 ▶ 지속적인 관심과 만족도 확인
해결 방안	① AVOD 불량에 대해 사과 후 승객 불편사항에 대한 공감 표현 ② 원활한 작동 복구를 위한 재부팅 소요시간을 안내하며 그동안 잡지나 신문 등의 대체서비스를 제공한 후 객실사무장에게 보고 ③ 승무원들과 정보를 공유하여 반복된 실수 재발을 방지

● 기내 서비스 대화

AVOD 오류 발생

“손님, 불편을 끼쳐 드려 정말 죄송합니다. 제가 한번 화면을 확인해 봐도 되겠습니까? 일시적으로 오류가 생긴 것 같습니다. 제가 재부팅을 시도해 보도록 하겠습니다. 재부팅은 10분 정도 소요됩니다. 그동안 지루하시지 않도록 잡지나 신문을 가져다 드리겠습니다. 잠시만 기다려 주십시오.”

재부팅 실패

“죄송합니다, 손님. 재부팅을 시도해 보았지만 시스템의 오류가 지속되어 작동이 어려울 것 같습니다. 죄송하지만, 시스템 작동이 원활하게 되는 다른 좌석으로 옮겨 드려도 되겠습니까? 시스템 오류가 없는 좌석 확인 후 신속하게 안내해 드리겠습니다. 잠시만 기다려 주십시오.”

사례 1 기내 안전관리

비상구 좌석열에 보호자가 앉도록 유도하려는 경우와 어린이의 행동에 대한 해결 방안과 승무원의 적절한 서비스대화를 만들어 본다.

부산 주재 영국문화원 근무자 샐리 힌튼(SALLY HINTON)의 기내 목격담.

통로 건너 한 줄 뒤에 착석한 승객은 3살과 5살 정도 된 두 어린이가 비상구 쪽 좌석에 앉아 장난하며 노는 것을 목격함.
그 모습에 승무원은 아무 제지나 관심을 보이지 않아 승객이 그 점을 지적하자 별다른 조치도 취하지 않음.
그 후 목적지 도착 후 항공기 완전 정지 전에 문제의 어린이 중 1명이 일어나 윗도리를 입자 앞에 앉아 있던 여승무원이 일어나 같이 옷 입는 것을 도와줌. 승무원의 안전의식 불감증에 경악함.

활동

1. 서비스 실패 사례의 원인 분석

2. 객실승무원의 대응 절차

3. 고객 불만 해결 방안

4. 나만의 기내 서비스 대화 만들기

사례 2 기내 안전관리

안전과 관련된 승객의 협조가 필요한 경우 해결 방안과 승무원의 적절한 서비스대화를 만들어 본다.

평소 호기심이 많았던 승객은 기내의 구명조끼를 꼭 직접 입고 싶다는 생각을 했음.
기내 안전 시범 후 좌석 밑에 손을 넣어 꺼내어 바람도 불고 직접 입어 보니 정말 기분이 좋았으나 다시 집어넣으려 하자 바람이 빠지지 않았음.
여승무원에게 사정을 이야기하자 의아해하며 "왜 그런 짓을 했느냐"는 식으로 가지고 가서 다른 것으로 교체해 주지 않음.
다른 남승무원에게 이야기하자 "여분은 있지요." 하며 웃으며 답했으나 가져다주지 않다가 도착 전 다시 이야기하자 "그런 것 입을 일 없어요."라고 대답하며 관심 없어 함.
그리고 두 번째 식사 시엔 있는 고추장도 주지 않음(있긴 있지만 많지 않아서 줄 수 없어 못 준다고 함).

활동

1. 서비스 실패 사례의 원인 분석

2. 객실승무원의 대응 절차

3. 고객 불만 해결 방안

4. 나만의 기내 서비스 대화 만들기

사례 3 기내 안전관리

기내 안전 업무에 관련한 불만 해결 방안과 승무원의 적절한 서비스대화를 만들어 본다.

일본 출장이 잦아 ㅇㅇ항공 하네다에서 김포로 가는 비행편을 자주 이용하고 있습니다.

지난주 김포에서 하네다로 가는 기내에서 저로서는 조금 이해 안 되는 부분이 있어 메일을 보냅니다. 항공기 출발과 도착쯤에는 반드시 핸드폰 등 전자기기 사용 중지를 해 달라는 안내가 항상 나옵니다. 전파 장해로 비행기 오작동이 생길 수 있다고 들었습니다만….

당일, 하네다 도착 즈음 방송에서는 전자기기 등 전원을 꺼 달라는 방송이 계속 나왔지만, 옆자리에 있는 고객은 핸드폰을 켠 채로 계속 홀더를 올렸다 내렸다 하며 핸드폰을 보고 있었습니다. 제 자리는 승무원이 식사준비를 하는 곳 옆이어서 계속 승무원들이 지나다녔습니다. 안내방송이 나올 때는 승무원들이 고객 행동에 문제가 없는지 살피고 지나가는 승무원도 있었으나, 전혀 주의를 주지 않고 몇 번이고 지나가는 걸 봤습니다.

보다 못해 제가 옆에서 핸드폰 전원을 꺼 줄 것을 요청 드렸습니다.

사소한 일일 수도 있지만, 그 사소한 문제로 기내 운항에 문제가 발생되어 안전사고가 날 수 있는 큰 문제로도 발전될 가능성이 있다고 봅니다.

어디나 있을 수 있는 안전불감증이지만, 기내는 많은 사람이 이용하는 곳으로 사소한 일에도 주의가 필요하다고 생각되어 이렇게 글을 남깁니다.

활동

1. 서비스 실패 사례의 원인 분석

2. 객실승무원의 대응 절차

3. 고객 불만 해결 방안

4. 나만의 기내 서비스 대화 만들기

사례 4 승객 탑승 전 준비

승객의 특별서비스 주문에 대한 불만 해결 방안과 승무원의 적절한 서비스대화를 만들어 본다.

결혼식 당일 발리로 여행을 떠났습니다.
발리 가는 비행기에서 발리 도착 전, 승무원이 결혼 축하 케이크가 실려 있다면서 드리겠다고 했습니다. 하지만 발리에 도착하기까지 케이크를 가져다주겠다던 승무원은 감감 무소식이었습니다.
기념 케이크가 있다면서 어떻게 된 일이냐고 물어보려다, 우리를 위한 기념 케이크가 있으리란 생각을 못하고 있었기 때문에, 설마 우리 것이 아니었겠지 하고 그냥 넘어갔습니다. 그런데 여행을 마치고 한국에 돌아오니, 여행사에서 기념 케이크를 받아 보셨냐고 물어봤습니다. 여행사에서 결혼 축하 케이크를 선물한 것이었습니다.
케이크를 주겠다던 승무원은 그 후로 소식이 없고, 저희 것인지도 몰라 따로 문의하지 않았는데, 어찌된 일인가요?
승객을 위한 선물이 있었다면 끝까지 책임을 지고 전달해 주어야 하는 것이 맞는 것 아닌지요?
승무원 이름을 기억하지 못하지만, 이건 승무원 개인의 문제는 아니라고 생각됩니다.

활동

1. 서비스 실패 사례의 원인 분석

2. 객실승무원의 대응 절차

3. 고객 불만 해결 방안

4. 나만의 기내 서비스 대화 만들기

사례 5 비행 중 서비스

기내식 서비스 주문에 관련된 불만 해결 방안과 승무원의 적절한 서비스대화를 만들어 본다.

안녕하세요.
귀사 항공을 이용하고, 좀 바빠서 메일을 이제야 보냅니다.
믿음이 두터운 귀사이기에 다음의 사항을 말씀드리오니 부디 참조하시어 개선 부탁드립니다.
제가 지난주 오클랜드-인천행 편, 프레스티지를 이용하였습니다만, 점심을 제가 원한 메뉴로 먹을 수가 없었습니다. 승무원의 말씀에 의하면 외국인이 너무 많아 그렇다는… 양해 요청을 받았지만 납득이 되지는 않는 상태였습니다만, 싸울 수도 없고… 그냥 수락을 하여 다른 메뉴(퍼스트 손님의 메뉴라고 하며 특별한 듯 말하시는 것도 저에게는 그리 좋게 비치진 않더군요)를 먹게 되었죠. 그러고선, 퍼스트 클래스에서 넘어오신 듯한 조금 나이 드신 승무원… 죄송하다는 말도 없으시고 거만한 자세로 무슨 레스토랑에서 닭고기 시킨 사람처럼, "닭고기 맞죠?"
"넵!" 하고 저는 두 손으로 받았습니다.
승무원들이 한국인과 외국인에게 대하는 태도가 다르다는 건 스스로 인정을 하고 계시는지 모르겠습니다만, 구구절절 행동 하나하나 따지기 시작하면 너무 길어지니… 이 문제는 이만 줄이며….
외국인이 우선이라면 한국인에게 특별할인을 하시든지요….
메뉴 선택을 할 수 없는 프레스티지 문제 있습니다.
개선 부탁드립니다. 참조하시어 개선 부탁드리며, 귀사의 무궁한 발전을 기원합니다.

활동

1. 서비스 실패 사례의 원인 분석

2. 객실승무원의 대응 절차

3. 고객 불만 해결 방안

4. 나만의 기내 서비스 대화 만들기

사례 6 비행 중 서비스

원하는 식사를 제공받지 못했을 때 승객의 느낌이나 기분은 어떠했을지 입장을 이해하며 원인 및 해결 방안과 승무원의 적절한 서비스대화를 만들어 본다.

60대의 모 해운회사 사장과 부인 승객은 두 번째 식사 서비스 전 남편이 취침 중인 부인을 대신하여 소고기와 온면을 주문함.
잠에서 깨어난 부인이 식사 서비스 시 소고기를 요구하자 담당 여승무원이 재고가 없다고 양해를 구하였으나 승객은 소고기를 계속 고집하며 욕설과 고함으로 상식 이하의 언동을 함은 물론, 사과하는 담당 여승무원을 따라다니며 계속 화를 내어 급기야 승무원이 울면서 참으시라고 용서를 비는 상황이 됨.
주방으로 가서 소고기가 정말 없는지 확인하자며 계속 승무원을 괴롭히는 정도가 되고 사무장 이하 다른 승무원들의 어떠한 노력에도 막무가내이며 화를 참지 못하는 상황이 이어짐.

활동

1. 서비스 실패 사례의 원인 분석

2. 객실승무원의 대응 절차

3. 고객 불만 해결 방안

4. 나만의 기내 서비스 대화 만들기

사례 7 비행 중 서비스

승객이 기내 면세품 판매를 통해 꼭 구입하기를 원하는 품목이 품절되었을 경우의 해결 방안과 승무원의 적절한 서비스대화를 만들어 본다.

기내 판매 시작 전 승무원에게 미리 Remy Martin 2병을 요구하자 “걱정하지 마시고 차례를 기다리라”고 하여 기다렸는데, 차례가 되었으나 원하는 술이 1병밖에 남아 있지 않음.

승무원에 항의 중 여승무원이 “기내에는 충분량이 탑재되지 않으므로 구입을 못할 수도 있다”고 설명 후 양해를 구하고 “다음엔 밖에서 사 오시라”고 말씀드렸으나 승객은 “싸우려면 밖에 나가 싸우라”고 하는 것으로 오인하여 격렬하게 항의함.

수차례 승객의 오해를 풀기 위해 상황설명과 사과를 했지만 막무가내로 화만 내어 사무장에 보고함.

사무장과 상기 여승무원이 계속 승객의 화를 풀기 위해 노력하였으나 한 번 오해한 승객의 마음을 풀어 주지 못함.

활동

1. 서비스 실패 사례의 원인 분석

2. 객실승무원의 대응 절차

3. 고객 불만 해결 방안

4. 나만의 기내 서비스 대화 만들기

사례 8 비행 중 서비스

비행 중 기내식 제공 및 응대에 관한 불만 사례의 해결 방안과 승무원의 적절한 서비스대화를 만들어 본다.

I have some complaint about below.

1. When I finished the salad, fruit and bread, the main course comes. It's too late. So I have not interested eating it. Every person has done.
2. My wife sit near to me. When she finished the meal, she found that she is lack of fruit. At that time, every customer has finished.
3. The business class has few seat, so the staff should be serve better. But it is not good as I think. I have a little disappointed.
4. When I push the service button, no one comes. It seems to busy. The efficiency should be considered.

활동

1. 서비스 실패 사례의 원인 분석

2. 객실승무원의 대응 절차

3. 고객 불만 해결 방안

4. 나만의 기내 서비스 대화 만들기

사례 9 비행 중 서비스

기내식 서비스 중 객실승무원의 태도와 표정에 관련된 불만 사례의 해결 방안과 승무원의 적절한 서비스대화를 만들어 본다.

어제 아들이 밴쿠버에서 한국으로 들어왔는데 얘기를 듣고 좀 황당했습니다.
식사를 주문받고 옆자리까지 물어보고는 (아들은 통로 쪽에 앉아 있었는데) 옆자리 외국인에게만 음식을 좀 늦게 가져다주고 그냥 가 버렸다고 합니다.
아들애는 자기를 보고 갔었기 때문에 올 줄 알았는데 오지도 않았고 한참 있다가 티서비스를 하였으며 미처 당황해서 식사를 못 먹었다고 합니다.
그래서 아들애를 나무랐죠. 대학생이나 되면서 달라고 하면 될 걸 굶었냐고 그랬더니 분명 본인을 보고 가지러 간 줄 알았고, 나중에 말하려니 뻘쭘해서 못했다고 하는데 참 서비스가 부실하다 싶어서 말씀 올립니다.
벨을 누르면 되는데 그것도 당황해서 생각을 못했다고 하는데 저녁을 굶고 왔으니 참 황당합니다.
9년을 밴쿠버에서 공부를 하는 애라 이런 경우는 처음이지만 좀 더 신경을 썼으면 좋겠습니다.
제가 아들애만 야단을 쳤으니까요.

활동

1. 서비스 실패 사례의 원인 분석

2. 객실승무원의 대응 절차

3. 고객 불만 해결 방안

4. 나만의 기내 서비스 대화 만들기

사례 10 기내음료 서비스

다른 승객으로부터 소음제지요청이 있을 경우 승객 간의 문제에 대한 해결 방안과 승무원의 적절한 서비스대화를 만들어 본다.

Heather Shimmin/Shutterstock.com

승객은 사회 지도자급의 인사로 협회 부회장 등 일행과 부부 동반으로 여행 중 평소 즐기던 약주를 종류 가리지 않고 기분 좋게 마시어 갈수록 목소리가 커지고 있었음.
통로를 사이에 두고 일행과의 대화가 계속되어 서비스 종료 후 다른 승객이 조용히 쉬고 싶어 하는 중에도 큰 소리로 대화가 계속되어 주위의 승객이 승무원에게 불만을 토로함.
이에 여승무원이 상기 승객에게 완곡히 목소리를 조금 낮추어 줄 것을 말씀드리자 "내가 술 마시고 주사 부리냐?", "네가 비행기를 얼마나 탔는지 모르지만 옛날엔 파티하고 노래 부르며 갔다"는 등으로 아주 불쾌하게 생각하며 승무원에게 불만을 털어놓고, 반복된 승무원의 사과에도 계속 술을 달라고 하여 마시며 여행함.

활동

1. 서비스 실패 사례의 원인 분석

2. 객실승무원의 대응 절차

3. 고객 불만 해결 방안

4. 나만의 기내 서비스 대화 만들기

사례 11 착륙 전 서비스

다양한 승객의 하기 업무를 돕기 위한 서비스 요청의 해결 방안과 승무원의 적절한 서비스대화를 만들어 본다.

미국에서 오랫동안 생활한 젊은 승객은 모든 면에서 미국인에 가까운 사고와 생활 방식을 갖고 있었다. (한국 국적 유지)
이번 여행에선 별다른 경험을 하였다. 기내 탑승 중엔 주로 책을 읽는데 특히 영문 소설류를 많이 보아 그날 승무원 중엔 승객을 외국인으로 생각하는 사람도 있어, 그 승무원이 영어로 말을 걸어오면 영어로 대답하고, 또 다른 승무원이 한국어로 말하면 한국말로 대답하곤 했다.
그중 한 여승무원은 승객을 외국인으로 생각해 계속 영어로 말을 했고, 승객도 영어로 대답했다. 그 여승무원이 외국인일 수도 있고 영어로 답하는 게 더 자연스러워 계속 그렇게 하였다.
서울 도착 전 입국서류 배포 시 외국인 신고서를 주어 한국인 신고서로 달라고 하자 여승무원의 태도가 돌변하면서 "치! 이제까지 외국인인 척해 놓고선 이제 와서"라며 매우 경멸적인 태도를 보이며 지나갔다.
젊은 승객이 한국인인데 기내에서 외국인 행세를 하여 얻는 게 무엇이 있었겠는가?

활동

1. 서비스 실패 사례의 원인 분석

2. 객실승무원의 대응 절차

3. 고객 불만 해결 방안

4. 나만의 기내 서비스 대화 만들기

사례 12 착륙 전 서비스

객실승무원의 태도와 표정에 관련된 불만 사례의 해결 방안과 승무원의 적절한 서비스대화를 만들어 본다.

기내식이 나왔을 때였습니다.
비빔밥이 나왔습니다. 고추장이 하나로 부족한 거 같아서 승무원에게 고추장 하나만 더 달라고 했습니다. 물론 승무원은 가져다주겠다고 했고요.
계속 기다렸는데 안 가져다주고 제가 통로 쪽에 앉아 있었는데 제 대각선 쪽 앞에 있던 인도분(제가 부탁한 후에 부탁하셨던 분)이 부탁하는 걸 가져다 주시더라고요. 그래서 다시 부탁했습니다.
고추장 하나만 더 달라고…. 그런데 귀찮다는 듯이 알겠다는 말만 짧게 하시고 또 분주하게 통로를 돌아다니시더라고요. 그래서 다시 한 번 승무원을 불렀습니다. 승무원이 못 들었는지 몰라도 저를 그냥 지나쳤고요.
(참고로 전 통로 쪽에 앉아 있었답니다.) 그래서 결국 고추장은 받지도 못하고 기다리다 못해 비빔밥을 다 먹었습니다.
그 후에 입국신고서를 작성할 때였습니다. 제가 잠이 들어 착륙하기 전 몇 분 안 남아 일어나서 헐레벌떡 겨우 작성했습니다. 그 당시에 착륙시간도 얼마 안 남아 있고, 옆에 인도 대학생을 포함해 주변을 둘러보니 대다수가 다 작성을 한 상태라서 초조했었습니다. 초조한 상태인 데다가 모두 영어로 써 있어서 승무원들을 두세 번 불러 물어봤습니다. 한 번에 다 물어보려고 했었는데 물어본 질문 하나의 답변이 끝나기가 무섭게 가셔서 계속 작성하지 못하고 두 번 더 불러서 물어봤습니다. 저는 초조한 상황이었는데 승무원을 불렀을 때도 몇 번을 불러야 오시더라고요. 그래서 세 번째로 물어볼 때였나?
엄청 귀찮은 내색을 하시더라고요. 제가 애도 아니고 저도 눈치라는 게 있습니다. 처음 대답하실 때도 건성건성 말을 마치시면서 천천히 가시는 것도 아니고 답변만, 그것도 빨리 말하시고 가시고 그전부터 느꼈는데 세 번째 불렀을 때는 많이 귀찮으셨나 봅니다. 오히려 승무원 부르는 게 시간도 지체되고 무서워서 될 수 있으면 질문 안 하려고 옆에 있는 인도 대학생한테 물어봤습니다.

활동

1. 서비스 실패 사례의 원인 분석

2. 객실승무원의 대응 절차

3. 고객 불만 해결 방안

4. 나만의 기내 서비스 대화 만들기

사례 13 착륙 후 서비스

연결 편 탑승객에 대한 조치와 지상 업무 협조가 필요한 경우 해결 방안과 승무원의 적절한 서비스대화를 만들어 본다.

당일 LAX 출발이 항공기 연결지연으로 30분 이상 지연되었고 강한 맞바람으로 서울 도착시간이 자꾸 늦어지자 일본으로 연결되는 승객들은 점차 초조해지기 시작함.

다수의 일본인 승객이 승무원에게 문의하기 시작함. 한 미국 주재 기자인 일본 여자 승객의 질문에 "문제없다.", 또 다른 승무원은 "로스앤젤레스 출발이 늦으니 오사카행이 연결편 탑승 불가되는 것은 당연한 것 아니냐?"고 대답하고 서울 도착 후의 수하물, 숙박, 익일 항공편 등에 대해서 물을 때마다 다른 대답으로 혼란스러웠음.

결국 서울에서 1박 후 다음 날 일본에 도착하였고 수하물은 또 하루 뒷날 받았음.

같은 비행기를 탔던 다수의 승객이 겪은 불편함에 강력 항의함.

활동

1. 서비스 실패 사례의 원인 분석

2. 객실승무원의 대응 절차

3. 고객 불만 해결 방안

4. 나만의 기내 서비스 대화 만들기

사례 14 승객 하기 후 관리

승객 하기 후 지상 업무의 도움을 요청하는 경우에 대한 불만 해결 방안과 승무원의 적절한 서비스대화를 만들어 본다.

Sorbis/Shutterstock.com

저는 3월 ㅇㅇ일 하코다테에서 출발해 16시 20분경 인천공항에 도착했습니다. 그런데 그만 기내에 아기 어깨띠와 아기 담요를 두고 온 걸 한 스튜어디스가 바로 와서 공항 3층 카운터에 맡겼다며 찾아가라고 알려 주었습니다.
그래서 부랴부랴 아기의 한쪽 손을 잡고 A~C ㅇㅇ항공 카운터를 찾아갔습니다.
간신히 찾아간 A카운터의 관계자에게 물어보니… 이곳에서는 분실물 확인을 할 수 없으니 그냥 분실물센터로 가라는 말만 해 주었습니다. 여행을 다녀와 안 그래도 피곤했는데, 아이까지 데리고 3층 카운터로 가서 너무나도 지쳤습니다. 일행이 기다려서 공항을 더 찾아보지 못하고 돌아갈 수밖에 없었습니다.

활동

1. 서비스 실패 사례의 원인 분석

2. 객실승무원의 대응 절차

3. 고객 불만 해결 방안

4. 나만의 기내 서비스 대화 만들기

사례 15 승객 하기 후 관리

장애인 승객응대를 지원할 때의 주의사항 및 불만 해결 방안과 승무원의 적절한 서비스대화를 만들어 본다.

5년 전 교통사고로 하반신 마비의 장애인이 된 B 모 승객은 주로 국적기를 이용하여 일본, 동남아 등지를 여행한 일이 있으며 금년 호주에서 개최된 장애인 호주 오픈 테니스대회에 참석하고 돌아오면서 기내에서 겪은 경험을 털어놓았다.
서울 도착 후 모든 승객 하기 후 휠체어 제공 시 남승무원이 휠체어를 통로 반대쪽에서 잡고 있어 앉기 쉽게 돌려 달라고 했더니 여승무원을 불러 "네가 휠체어에 앉혀 드려라" 하며 무안한 취급을 하였다.
호주에서 출발 시에도 탑승순서 문제로 지상직원끼리 옥신각신하던 생각이 났고 언젠가 타 항공기 탑승 시의 흐뭇했던 일들이 생각났다.

활동

1. 서비스 실패 사례의 원인 분석

2. 객실승무원의 대응 절차

3. 고객 불만 해결 방안

4. 나만의 기내 서비스 대화 만들기

사례 16 객실 승무 관리

비행 중 유아 동반 상황에서 주변 승객이 겪는 불편함과 객실승무원의 태도와 표정에 관련된 불만 사례의 해결 방안과 승무원의 적절한 서비스대화를 만들어 보도록 한다.

저는 오늘 제주 출발 김포 도착 비행기 탑승객입니다.
그동안 다른 저가 항공사를 이용할 수도 있었으나 서비스와 편안히(기내 소음 등이 없어서) 올 수 있다는 점 때문에 더 많은 운임을 지불하면서도 ㅇㅇ항공을 이용하였습니다.
그러나 오늘 비행기 안은 정말 심하게 시끄러웠습니다. 그런데 승무원들의 대처가 전혀 이루어지지 않았습니다.
1~3살 아기들이 비행기를 타서 우는 것은 정말 다른 승객 모두 이해할 수 있는 상황입니다.
그렇지만 7~8살로 보이는 어린 남자애가 비행기 안에서 다른 아기들보다도 큰 소리를 내고, 비명 같은 소리로 아빠를 부르며(아빠는 바로 옆자리) 떠드는데도, 설날이란 이유로 다른 승객들도 모두 조용히 있어 아무 말도 못했으나 다들 불만이었습니다.
승무원은 그 어린아이의 부모님께 정중하게 말씀드릴 수도 있는 상황이었으나 아무런 조치를 취해 주지 않더군요.
갓난아기도 아닌데 그런 상황이라면 당연히 다수의 승객을 위해 대처해 주어야 하지 않겠습니까?
비싼 돈을 주고 탔는데 정말 불편했습니다.
기분도 좋지 않고, 그 비용에 그런 서비스라니 정말 최악입니다.

활동

1. 서비스 실패 사례의 원인 분석

2. 객실승무원의 대응 절차

3. 고객 불만 해결 방안

4. 나만의 기내 서비스 대화 만들기

사례 17 고객만족 서비스

객실승무원의 태도와 표정에 관련된 불만 사례의 해결 방안과 승무원의 적절한 서비스대화를 만들어 본다.

○월 ○○일 자 비행기로 멜버른에 도착한 승객입니다.
그동안 정신이 없어서 클레임 건다는 걸 잊고 있었네요.
그때 서비스를 하시던 승무원 분 중 표정관리가 참 안 된다 싶은 분이 계셔서요. 승무원 분 성함이 ○○○이었고요.
제가 서비스를 요구할 때나 음료나 기내식 서비스를 할 때 굉장히 표정이 안 좋아서 서비스를 부탁하는 제가 뭔가 불편하게 되더군요.
그래서 다음부터는 다른 승무원께 부탁을 하게 됐고요.
물론 화장하고 불편한 유니폼 입고 장시간 비행이 힘든 거 압니다.
하지만 승무원이라는 직업의 특성상 자신이 조금 고되더라도 최선을 다해 서비스를 해야 하지 않습니까?
시정 부탁드립니다.

활동

1. 서비스 실패 사례의 원인 분석

2. 객실승무원의 대응 절차

3. 고객 불만 해결 방안

4. 나만의 기내 서비스 대화 만들기

사례 18 고객만족 서비스

객실승무원의 태도와 표정에 관련된 불만 사례의 해결 방안과 승무원의 적절한 서비스대화를 만들어 본다.

저는 ○월 ○○일 괌에서 인천 도착 비행기를 탄 사람입니다.
두 아이와 함께 서울로 오는 기내에서 승무원 때문에 굉장히 기분이 나빴습니다. 새벽 비행기라 승무원들도 피곤하리라 생각되지만, 그래도 ○○항공 승무원이라면 친절한 서비스가 최고라고 알고 있기에….
승무원 중 ○○○씨라고 명찰을 보았는데 이름이 맞는지 생각이 잘 나질 않는군요.
첫 음료 서비스를 받고 아이들이 있는 관계로 빨리 주스를 마시고 컵을 줘야겠다는 생각에 마침 지나가는 ○○○ 승무원 쟁반에 컵을 올려 줬더니, 하는 소리가 지금 컵 걷는 게 아니니깐 저보고 다시 컵을 가져가라는 것이었습니다. 정말 어이가 없더군요. 자기 생각해서 컵을 올려 줬더니 다시 치우라니…. 또 아침 식사 서비스 때도 등받이를 제자리로 해 달라고 하기에 누르는 버튼을 찾는데 자기가 먼저 등받이를 확 일으켜 세우는 바람에 의자가 튕겨서 머리를 맞았고 그 바람에 안전벨트는 의자 뒤로 넘어가서 빠지지도 않고…. 정말 굉장히 기분 나쁘고 아이들이 보고 있는지라 얘기하면 화를 낼 것 같아서 그냥 참았습니다.
자기 서비스에 맞춰서 손님이 하지 않으면 좀 무례하게 행동하는 아가씨….
정신 좀 차리시지요….
기내에서 서비스 내내 한 번도 웃지 않고 도도하게 행동하는 모습 그리 좋아 보이진 않습니다. 그리고 또 화장실에서 누가 담배를 피운 거 같던데, 제가 뒤쪽에 앉아 있어서 담배 냄새가 지독하게 나더군요.
승무원들이 달려가서 화장실 문을 열고 얼마나 방향제를 뿌리던지, 뒤에서 숨을 못 쉴 지경이었습니다. 한마디 사과도 없고, 서비스는 완전 바닥이었습니다. 시정해 주시고 이런 승무원의 서비스라면 다신 받고 싶지 않습니다. 처리 후 결과 알려 주십시오.

활동

1. 서비스 실패 사례의 원인 분석

2. 객실승무원의 대응 절차

3. 고객 불만 해결 방안

4. 나만의 기내 서비스 대화 만들기

사례 19 고객만족 서비스

주변 승객의 불편함과 객실승무원의 태도에 관련된 불만 사례의 해결 방안과 승무원의 적절한 서비스대화를 만들어 본다.

3월 ○○일 샌프란시스코행 비행기를 탔는데 가운데 네 줄 끝의 두 번째 자리에 앉았습니다. 그 뒤는 화장실 앞이었고 제가 불쾌감을 느꼈던 사항은 이렇습니다.
우리 뒤 마지막 줄에 앉은 중국인들 4명과 같이 탑승한 일행이 화장실 앞 우리 뒤쪽 줄에 서서 아주 소란스럽게 떠드는데도 승무원들은 아무런 주의도 주지 않았습니다. 주위에서도 시끄럽다는, 불편하다는 눈치를 주었음에도 불구하고 또한 승무원조차도 나와 눈이 마주쳤을 때도 손님들이 불쾌감을 느끼고 있다는 것을 알고 있었음에도 아무런 주의가 없었습니다.
그렇게 한 시간가량을 떠들다가 제가 도저히 참을 수 없어 조용히 해달라고 부탁을 했습니다.
그랬더니 서 있던 사람들도 제자리로 돌아가곤 조용해졌습니다. 승무원들은 왜 이런 상황에 대처하지 못하고 모든 손님에게 불편을 줘야 했고, 왜 손님인 제가 그런 주의를 줘야 했는지 참 의문이 가네요. 앞으로는 편안한 여행길을 갈 수 있길 바랍니다.

활동

1. 서비스 실패 사례의 원인 분석

2. 객실승무원의 대응 절차

3. 고객 불만 해결 방안

4. 나만의 기내 서비스 대화 만들기

사례 20 고객만족 서비스

객실승무원의 태도와 표정에 관련된 불만 사례의 해결 방안과 승무원의 적절한 서비스대화를 만들어 본다.

안녕하세요. 김포~하네다를 자주 이용하는 사람입니다.
지금까지 대략 십여 차례 같은 노선을 이용하다 보니 같은 회사지만 서비스가 조금씩 다름을 느낍니다.
미처 적지는 못하지만 어떤 사무장님은 비즈니스 고객이라도 성심 성의껏 인사를 건네시는 분이 있었고 그렇지 않은 분도 있었습니다. 칭송을 했으면 좋았을 텐데, 일일이 기억을 못해서 적지 못해 죄송합니다.
지난주 토요일 5월 ㅇㅇ일 비행 편은 안 좋은 사례였던 것 같습니다.
40~50대 정도 되어 보이시는 남자 사무장님은 비즈니스 고객에게 인사를 하시는데 복도를 스쳐 지나가면서 좌우에 있는 손님이 보든 안 보든 고개를 약 1~2도 정도 숙이며 "사무장입니다" 하며 인사를 하시는 것이었습니다.
생각해 보십시오. 일일이 눈을 마주치며 짧은 시간이나마 편안한 여행 되시라고 말하는 사무장이 있는가 하면(심지어 어느 사무장님은 제가 일을 하고 있으니, 일이 끝날 때까지 기다렸다가 다시 찾아와서 아까 바쁘신 것 같아서 이제 인사드린다고 말하기까지 했습니다.) 그냥 빠른 걸음으로 스윽 지나가면서 '사무장입니다' 하는 사람이 있습니다.(그 말을 들을 사람이 몇이나 될까 싶을 정도로 성의 없는 그런 인사)
저도 나름대로 비즈니스 클래스를 자주 이용했던 사람입니다만, 이런 인사 방법은 처음 봤으며 차라리 그런 인사는 안 하느니만 못하지 않았나 생각될 정도로 무성의했습니다.
또한 같은 회사에서 동일하게 받은 교육인데, 어떤 승무원은 담요를 달라고 하면 비닐포장 그대로 주는 사람이 있고 어떤 승무원은 비닐을 벗겨서 줍니다. 같은 회사지만 서비스업이라는 것이 참 힘들겠다는 생각을 합니다.

활동

1. 서비스 실패 사례의 원인 분석

2. 객실승무원의 대응 절차

3. 고객 불만 해결 방안

4. 나만의 기내 서비스 대화 만들기

사례 21 항공서비스 매너

객실승무원의 근무태도에 대한 불만 사례의 해결 방안과 승무원의 적절한 서비스대화를 만들어 본다.

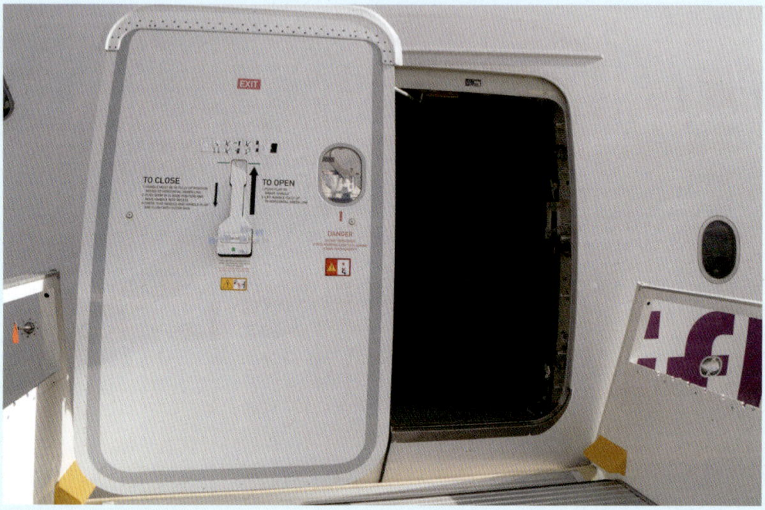

동경에서 부산으로 출발하는 항공기 출입구.
한 중년의 승객이 탑승구 입구에 서서 껌을 질겅질겅 씹고 있는 사무장을 발견하고 불쾌한 감정을 느낀다. 승객에게 탑승 인사도 없고 어쩐지 승객을 개의치 않는 태도가 몹시 신경이 쓰인다.
출국 시에 열심히 인사하고 서비스하던 승무원과 동편에 탑승한 다른 남승무원 및 여승무원이 더욱 안쓰러워 보인다.
이런 사무장도 있구나 하고 놀란다.

활동

1. 서비스 실패 사례의 원인 분석

2. 객실승무원의 대응 절차

3. 고객 불만 해결 방안

4. 나만의 기내 서비스 대화 만들기

항·공·상·식

항공유 저장탱크

인천공항으로 향하다 보면 북측 방조제 쪽 옥외에 설치된 커다란 규모의 항공유 저장탱크를 만나게 된다. 일반적으로 여객, 화물 수송 항공기가 소비하는 항공유의 양이 엄청나기 때문에 하루에도 수백 대의 항공기가 오르내리는 국제공항에 항공유의 안정적인 확보와 정시공급을 지원하는 급유시설은 공항의 가장 필수적인 시설 중의 하나이다.

현재 인천국제공항의 항공기에 연료를 공급하는 급유시설은 (주)인천국제공항 급유시설에서 맡고 있다. 이 시설은 인천공항의 항공조업을 맡고 있는 (주)한국공항을 포함한 민자 출자 66%와 인천공항공사의 공공 출자분 34%로 2년 7개월여 기간을 거쳐 2000년 3월 31일 완공된 시설이다.

또한 ㈜인천국제공항 급유시설은 10만 배럴 용량의 저장탱크 8기와 지하배관 25.6킬로미터, 항공기 주기장 내 급유정 168개를 보유하고 있다.

이곳 급유시설에 저장되는 항공유는 정유사로부터 선박을 이용해 송유되어 온다. 만일 긴급한 상황의 발생으로 정유사로부터 송유가 중단되어도 약 7일분을 비축해 둘 수 있는 엄청난 저장 용량을 가지고 있다. 거대한 주유소인 셈이다.

WORK SHEET

1. 고객 불만이 발생했을 때 대응 절차와 해결 프로세스에 대해 설명해 보세요.

참·고·문·헌

- 국가직무능력표준 사이트(www.ncs.go.kr)
- 김윤진, 항공사 서비스품질 평가를 위한 항공객실서비스품질 차원개발에 관한 연구, 인하대학교, 박사학위논문, 2018
- 김윤진 · 이돈희, 항공객실서비스 실패 사례를 통한 서비스 회복에 관한 연구, 한국서비스경영학회, 2018
- 디지털타임스, 2014.12.
- 머니투데이, 2011.08.
- 신동아, 2007.03.
- 안상헌, 『모든 것을 고객 중심으로 바꿔라』, 살림지식총서
- 이영희 · 신상태, 『항공서비스론』, 백산출판사
- 이유재, 『서비스마케팅』, 서울: 학현사
- 조선닷컴, 2012.11.
- 최병용, 『최신 소비자 행동론』, 서울: 박영사
- 한국표준협회 사이트(www.ksa.or.kr)
- 한국표준협회-KS-SQI
- Parasuraman, A., Zeithaml, V. A., & Berry, L. L. (1985). A conceptual model of service quality and its implications for future research. The Journal of Marketing, 41-50.

찾·아·보·기

ㄱ

감정통제의 원칙 160
객실 상태 점검 및 승객 휴식 71
경청 159, 165~170, 172
고객 29, 31, 34, 43, 48, 82, 86, 95, 157, 171
고객 기대심리 47
고객만족 29, 34, 169
고객만족의 3요소 35
고객 불만 대응 단계: LAST 법칙 159
고객 불만 해결 프로세스 214
고객 성향 48
고객 욕구 31
고객 응대 유의사항 49
고객재고(customer inventory) 20
기내 면세품 판매 41, 75
기내식 서비스 70
기내음료 서비스 69

ㄴ

내부고객 29
노쇼(No-Show) 179

ㄷ

담당 승무원 소개 62

ㅁ

무임여객(Non Revenue Passenger) 82
무형성 21
물건 보관 71

ㅂ

발살바(Valsalva) 68
비동반 소아 85
비분리성 22
비행 정보 73

ㅅ

서비스(service) 18, 38, 56, 93, 142, 146, 147, 154, 169, 177
서비스 경제 25
서비스마인드 110, 111
서비스 용품 제공 63
서비스의 특성 20
서비스 회복 154
설득 164, 165, 172
소멸성 24
스트레처 환자(Stretcher Carriage) 92
신문 서비스 62

ㅇ

아픈 승객 73
애완동물 89
언어절제의 원칙 159
역지사지의 원칙 160
영 · 유아 고객 86
외부고객 29
웰컴 드링크 서비스 60
유로클래스 133
이륙 시 귀 통증 호소 승객 응대 68
이륙 전 서비스 56, 196, 198
이륙 전 안전 업무 64
이질성 23
일행의 미탑승 66
임산부 88
입국서류 서비스 77

ㅈ

장애 고객 95
점프시트 착석 시 승객 응대 66
조명 조절 72
좌석 안내 57
죄수 운송 90
진실의 순간 MOT 112, 114

ㅊ

착륙 후 서비스 78
책임공감의 원칙 162
추방자 89
취객, 약물 중독환자
(Intoxicated Passenger) 91

ㅋ

커뮤니케이션(communication) 21, 120~122

ㅌ

탑승 인사 56

ㅍ

피뢰침의 원칙 161

ㅎ

하기 안내 78, 97~99
하기 인사 78, 118
한 가족 서비스(Family Care Service) 93, 94
항공객실서비스 품질 40
항공 특수고객 82
환자, 병약자(Invalid Passenger) 91

기타

Hard Landing 190
ICAO 27
MOT 구성의 3요소 116
MOT의 법칙 115
Remote 하기 190
Turbulence 87, 187
TWOV 94
VIP와 CIP 83
1 · 2 · 3 화법 166
8가지 기본 욕구 43